Ingrid Amon

Gut bei Stimme

Richtig sprechen im Unterricht

VER(I)TAS

www.veritas.at

Textquellennachweis:
14f.: Astrid Paeschke, Walter F. Sendlmeier; Wesentlichen Anteil am Klang der Stimme: Paeschke, Astrid/Sendlmeier, Walter F. (1997): Die Reden von Rudolf Scharping und Oskar Lafontaine auf dem Parteitag der SPD im November 1995 in Mannheim. Ein sprechwissenschaftlicher und phonetischer Vergleich von Vortragsstilen. ZfAL/GAL-Bulletin 27
142: Bert Brecht; Der Nachschlag: Jan Knopf (Hg.): Bert Brecht. Die Gedichte. Insel TB 3331, Suhrkamp Verlag, Frankfurt/Main 2008, S. 1162

Der Verlag hat sich bemüht, alle Rechtsinhaber ausfindig zu machen. Sollten trotzdem Urheberrechte verletzt worden sein, wird der Verlag nach Anmeldung berechtigter Ansprüche diese entgelten.

© VERITAS Verlag, Linz
Alle Rechte vorbehalten, insbesondere das Recht der Verbreitung (auch durch Film, Fernsehen, Internet, fotomechanische Wiedergabe, Bild-, Ton- und Datenträger jeder Art) oder der auszugsweise Nachdruck

1. Auflage (2009)
Gedruckt in Österreich auf umweltfreundlich hergestelltem Papier
Lektorat und Projektbegleitung: Anna Jungreithmayr, Linz
Herstellung, Layout und Umschlaggestaltung: Julia Pölzgutter, Linz
Illustrationen: Wolfgang Privitzer, Wien
Umschlagfotos: Sabine Windsor, Wien
Bildredaktion: Renate Sauert, Linz
Satz, Montage, Offsetreproduktion: dtp Veritas, Linz
Druck, Bindung: LVDM Landesverlag-Denkmayr, Linz

ISBN 978-3-7058-8234-8

Das Verständliche an der Sprache ist nicht nur das Wort selber, sondern der Ton, die Stärke, Modulation, Tempo, mit denen eine Reihe von Worten gesprochen wird, kurz die Musik hinter den Worten, die Leidenschaft hinter der Musik, die Person hinter der Leidenschaft: alles das also, was nicht geschrieben werden kann.

Friedrich Nietzsche

Inhaltsverzeichnis

1. **Einleitung** 6
   - Warum ich dieses Buch geschrieben habe 6
   - Wie Sie dieses Buch und die CD verwenden können 7
   - Dank 8
2. **Die berufsspezifische Belastung von PädagogInnen** 9
3. **Die Wirkung Ihrer Stimme** 13
   - 3.1 Interne Simulation 13
   - 3.2 Pädagogische Vorbildfunktion 15
4. **Die Atmung** 17
   - 4.1 Physiologie 17
   - 4.2 Die reflektorische Atemergänzung – Abspannen 22
   - 4.3 Bewusste Atemsteuerung 25
5. **Der Kehlkopf – Tongebung** 27
   - 5.1 Physiologie 27
   - 5.2 Kopf- und Brustregister 28
   - 5.3 Indifferenzlage 32
   - 5.4 Klang und Luft 33
6. **Die Lautbildung** 35
   - 6.1 Physiologie 35
   - 6.2 Training der Sprechwerkzeuge 36
   - 6.3 Basics 42
     - Vokale 42
     - Konsonanten – Hemmschwellenbildung 44
7. **Die Ohren** 49
   - 7.1 Der audiovokale Regelkreis 49
   - 7.2 Luft- und Knochenleitung 51
   - 7.3 Ohren und Sprachentwicklung 55
     - Fokussieren/Richtungshören 55
     - Gleichgewicht – „OHR-ientierung" 56
     - Neuronale Energie – Brainpower 57
     - Der Mensch kann nur sprechen, was er hört 57
     - Lateralität – links- oder rechtsohrig? 58
   - 7.4 Hörhygiene und Hörübungen 59
8. **Die Körperhaltung** 61
   - 8.1 Sprechhaltung/Körperbalance 61
   - 8.2 Körper und Sprache – Körpersprache 64

	8.3 Körperspannung – Tonus	66
	8.4 Die inspiratorische Gegenspannung	68
9.	Leistungsfähigkeit der Stimme	**75**
	9.1 Der Stimmstatus	75
	9.2 Kriterien einer gesunden Stimme – Testmerkmale	75
	9.3 Stimmstörungen	76
	9.4 Medizinische Diagnosen	78
	9.5 Stimme im Lauf der Jahre	80
10.	Redekultur – To show something	**82**
	10.1 Maulkörbe – Redehemmungen	82
	10.2 Die Rolle des Publikums	84
	10.3 Redefreude stärken – Ausdrucksmöglichkeiten schaffen, üben, erweitern	86
	10.4 Kontaktverhalten	92
	Voice by Intention	92
	Mechanisch vs. intentional: Unterscheiden lernen	93
	Ankommen üben	97
11.	Sprech-Lehre	**99**
	11.1 Ausspracheregeln	99
	Die deutsche Standardlautung	99
	11.2 Intonation	106
	Akzente	107
	Melodieverlauf (unterschiedliche Tonhöhen)	108
	Sprechtempo (modifizierte Artikulationsgeschwindigkeit)	109
	Lautstärke (Dynamik)	109
	Pause – die hörbare „Nullphase"	110
	Klangfarbe	113
	11.3 Vorlesen – Plädoyer für eine verloren gegangene Fähigkeit	113
12.	Warm-up: Stimmfit in fünf Minuten	**116**
	12.1 Einführung	116
	12.2 Die Übungsbeschreibungen	117
13.	Individuelles Stimmmanagement – Basics	**122**
14.	Themen und Anregungen	**124**
15.	Tipps vom Expertenpool stimme.at	**128**
16.	Die Lehrerstimme 2025 – „Zukunftsvision" – Zukunftstöne	**134**
	Literatur	**138**

1. Einleitung

Warum ich dieses Buch geschrieben habe ...

... weil der besonderen Belastung der LehrerInnenstimme und der großen Betroffenheit der Zielgruppe ein eigenes praktisches Handbuch gebührt. Ein kompaktes Buch, um PädagogInnen zu ihrem persönlichen, individuellen Stimmmanagement zu motivieren und sie dabei zu begleiten.

... weil wir in einer Zeit leben, die zugunsten des Inhaltes die Form sträflicherweise vernachlässigt und damit kommunikativ nicht in Balance ist. Ich werde mein Bild noch näher erläutern. Die Stimme ist das Auto. Der Lehrinhalt befindet sich im Kofferraum. **Beides** ist anzuerkennen, zu pflegen und zu fördern. In einer Blechbüchse lässt sich nur mit Müh und Not ein voller Kofferrauminhalt von A nach B transportieren. Aus dem Vertauschen und Verwechseln von Kofferraum und Auto resultieren vielfache Mängel, Probleme und Belastungen.

Auto = Stimme
Kofferraum = Inhalt

... weil die Stimme in der Erziehung zu Hause und schulisch meistens wenig Beachtung findet, obwohl sie in der Kommunikation eine wesentliche Rolle spielt. Die Stimme gehört zu den sogenannten Soft Skills der persönlichen Performance, um es in moderner Berufssprache auszudrücken. Diesen Soft Skills kommt steigende Bedeutung zu. Dies gilt für Sie und für die jungen Menschen, die Sie unterrichten. Ihre Wirksamkeit als Lehrerpersönlichkeit hängt in einem hohen Maß von Ihrer stimmlichen Belastungsfähigkeit und Ihrer sprechtechnischen Ausdrucksfähigkeit ab. Die beruflichen und privaten Chancen unserer Kinder steigen mit dem effizienten Gebrauch ihrer Sprechwerkzeuge.

... weil die sogenannte „Lehrerkrankheit", die Berufsdysphonie, eine Tatsache ist, ständig zunimmt und mittlerweile großen volkswirtschaftlichen Schaden anrichtet. Große und kleine im Einzelfall sehr erfolgreiche Initiativen auf verschiedenen Ebenen verlaufen leider oft noch im Sand. Sie wirken wie ein Tropfen auf dem heißen Stein.

... weil der Wissensfundus nicht allein meiner 20-jährigen Erfahrung, sondern auch aus dem KollegInnenkreis der Voice Community riesig ist. Dieses Wissen möchte ich gerne für Sie aufbereiten und mit Ihnen für Ihre Praxis teilen.

1. Einleitung

… weil ich zutiefst überzeugt bin, dass Sprecherziehung nicht nur als Hobby der Deutsch- und MusiklehrerInnen verstanden werden darf.

… weil jede menschliche Stimme ein Wunderwerk ist. 150.000 Einzelentscheidungen trifft unser Gehirn in jeder Sekunde des Sprechens, damit wir tönen können! Wenn es gelingt, auch nur einige davon in diesem Buch bewusst zu machen, wird Ihr „stimmliches LehrerInnen-Leben" leichter, schwungvoller, klangvoller.

… weil ich eine Träumerin und Visionärin bin. Ich träume von einer gerechten Aufteilung der Stimmpflege im Lehrberuf. Zwischen den PädagogInnen selbst und den Aus- und Weiterbildungssystemen, wie ich im Kapitel „Die Lehrerstimme 2025" ausführe.

Wie Sie dieses Buch und die CD verwenden können

Die Informationen werden zuerst einmal Ihr grundlegendes Wissen um die Stimmfunktion erweitern. Ich habe über weite Strecken so geschrieben, wie ich diese Inhalte seit Jahren an Menschen vieler Altersstufen weitergebe: möglichst viele Bilder, möglichst viele Übungen zum sofortigen Erleben am eigenen Leib. Für das spezifische Anpassen an die jeweilige Schulstufe, in der Sie unterrichten, vertraue ich auf Ihre Erfahrung.

Sie finden drei Symbole im Buch: ♥ – ✳ – ⚫.

Bei ♥ sind zuerst Sie selbst angesprochen. Übungen mit diesem Zeichen bitte ich Sie, etwa dreimal für sich oder im KollegInnenkreis auszuprobieren. Einige der Tipps gelten nur für Sie.

Mit ✳ sind jene Übungen gekennzeichnet, mit denen Sie in die Klasse gehen. Sie finden darunter zum Teil Minisequenzen für den Stundenrand, zum Teil ganze Unterrichtssequenzen, die mit Tafelbildern ergänzt sind.

Mit ⚫ sind einzelne Stimmproben, Probesätze, Vorbildübungen … bezeichnet. Diese dienen in der Hauptsache Ihren eigenen Ohren zur Orientierung. Sie können mit entsprechender Einführung selbstverständlich auch vorgeführt werden, vor allem am Anfang. Ich zähle aber auf Sie, und pädagogisch ist es mir wichtig, dass Sie mit Ihrer eigenen Individualität und Kreativität die Hörbeispiele über kurz oder lang mit Ihrer eigenen Stimme zum lebendigen Vorbild gestalten. Keine CD kann Sie und Ihre Stimme ersetzen.

Das Aufwärmprogramm auf der CD wird im Kapitel 12 genau erläutert. Da ich hoffe, dass Sie diese Stimmfit-Übungen häufig verwenden, sind diese Aufnahmen an den Beginn der CD gestellt, sodass Sie bequem starten können.

1. Einleitung

Dank

Danke an die Kolleginnen und Kollegen des europaweiten Netzwerkes www.stimme.at. Einmal für die konkreten Tipps, andererseits für das prompte Beantworten meiner Bitte um Unterstützung. Ich konnte während des Schreibens jederzeit um Feedback für eine Übung, um einen konkreten Literaturhinweis und um einen persönlichen Erfahrungswert bitten. Euer Engagement war überwältigend!

Danke an die Schwestern der Zisterzienserabtei Marienkron und ihr Wellness-Team im Kurhaus. In der entspannenden Ruhe am Neusiedlersee ließ sich sehr konzentriert arbeiten. In der Stiftsbibliothek wurde ich auch fündig: Die Stimme hat einen Schutzpatron! Der heilige Blasius ist einer der 14 Nothelfer, starb im Jahr 316 den Märtyrertod und war im frühen Christentum für seine Stimmheilkunde weit bekannt.

Danke an Andreas Vanura und Hannes König im Tonstudio Kingsize. Sie haben die entzückenden Melodien für die Stimmübungen komponiert und sind mir beim Aufnehmen der Warm-up-CD mit Rat und Tat zur Seite gestanden.

Danke an Susanne Juma. Sie hat geduldig aus dem gesprochenen Wort geschriebenes Wort gemacht.

Danke an Sie, geschätzte Lehrerin, geschätzter Lehrer: Mit dem Erwerb dieses Buchs stärken Sie mein Grundvertrauen in die deutschsprachige Lehrerschaft. Sie sind bereit, Ihrer eigenen Stimme Aufmerksamkeit zu schenken, Ihre eigenen Sprechwerkzeuge zu erforschen und zu entlasten, in Ihr Basistool für den Unterricht eigenverantwortlich zu investieren. Ich verspreche Ihnen, es wird Ihnen und Ihren SchülerInnen Spaß machen und Sie weiterbringen.

Anmerkung: Die Herausforderung der weiblichen und männlichen Schreibweise löse ich, in dem ich relativ frei damit umgehe. Es sind immer und ohne Hintergedanken beide Geschlechter gemeint.

2. Die berufsspezifische Belastung von PädagogInnen

Sie sind nicht allein. Viele SpezialistInnen aus der Voice Community sind weltweit auf Ihrer Seite. Sie beobachten, studieren, experimentieren, erforschen, behandeln seit Jahren die sog. „Lehrerkrankheit", die „Berufsdysphonie". Und jeder gibt Ihnen auf seine Art und Weise Unterstützung, wenn Sie KindergartenpädagogIn, ErzieherIn, Grundschul- oder GymnasiallehrerIn, UniversitätsprofessorIn ... sind. Ja, ich möchte getrost behaupten, dass bei den Bemühungen zur Linderung der sog. „Professional Voice Disorders" den PädagogInnen besondere Aufmerksamkeit geschenkt wird. Auf fast jedem globalen oder regionalen Stimmkongress ist das Thema „Lehrerstimme" seit Jahren vertreten. Vielerorts werden Initiativen gesetzt, Projekte initiiert, Schulungen organisiert, Seminare entworfen, wissenschaftliche Tests und Studien durchgeführt. Die Bemühungen einzelner StimmexpertInnen aus dem medizinischen, logopädischen, sprecherzieherischen Sektor und auch manche einsichtigen Verantwortlichen im öffentlichen Bereich haben bereits vielen PädagogInnen im Einzelfall geholfen. Die Fakten Ihrer spezifischen Stimmsituation liegen auf der Hand und können nicht verleugnet werden.

Zahlreich sind die Studien. Hannes Tropper von Austrian Voice Institute in Graz führt in seiner bemerkenswerten Einführung zum Internationalen Voice Symposion in Salzburg 2002 nicht weniger als 108 (!) maßgebliche Veröffentlichungen an. Sie befassen sich von China bis Norwegen, von Brasilien bis Kanada mit derselben Problematik, die damit unbestreitbar einen internationalen Charakter hat. Prof. Dr. Markus Hess von der Uni-Klinik in Hamburg hat einige bemerkenswerte, leider besorgniserregende Details zusammengestellt (vgl. Hess/Behrendt 2003):

- PädagogInnen sind einer permanenten Sprech-Dauer-Belastung ausgesetzt. Beinahe kein anderer Beruf hat eine zeitlich vergleichbare Dauer von vier bis acht Stunden täglich und das durchgehend.
- PädagogInnen müssen besonders **laut** sprechen. Klassenräume haben akustisch ungünstige Eigenschaften. Die Klassen sind größer, der Durchschnittsschallpegel ist nachweislich in den letzten zwei Jahrzehnten doppelt so hoch geworden! (Die Unterrichtskultur hat dem nicht Rechnung getragen, Sie verfügen über keinerlei „Sanktionen" zum Senken des Lärmpegels.)
- Trockene oder auch staubige Luft durch ungenügende Raumklimatisierung erhöht die stimmliche Belastung.
- Moderne Pädagogik fordert **zusätzliche Stimmaktivitäten** außerhalb des regulären Unterrichts: bei Klassenfahrten, Klassenreisen, auf dem Pausenhof, bei Sportfesten, Führungen, Besichtigungen ...
- PädagogInnen suchen aus allen Berufsgruppen mit Abstand am häufigsten PhoniaterInnen und HNO-ÄrztInnen wegen ihrer Stimmprobleme auf.
- Die **Häufigkeit** von Stimmstörungen liegt in Ihrer Berufsgruppe bei ca. fünfzehn Prozent gegenüber sechs Prozent in anderen Sparten.
- PädagogInnen sorgen sich mehr als alle anderen, ob sie ihre Berufskarriere durchhalten können, und erleben ihre Stimmprobleme stärker als Beeinträchtigung ihrer Tätigkeit.

2. Die berufsspezifische Belastung von PädagogInnen

- Etwa die Hälfte der Lehrkräfte hält ihre Stimmprobleme für eine Quelle von Frustration und Stress und gesteht auch eine effektive Unterrichtsverschlechterung ein, die damit einhergeht.

Österreichspezifisch stehen an der ersten Stelle der gesundheitlichen Beeinträchtigungen im Lehrberuf Hals- und Stimmprobleme. 15 % leiden ständig unter Problemen, 61 % zeitweise. 48 % waren deswegen bereits beim Arzt, 20 % nehmen Medikamente ein. Fast 70 % sind überzeugt, dass ihre stimmliche Belastung mit den Anforderungen des Unterrichts zusammenhängt (Tropper 2002). Die Hauptdiagnose ist die „funktionelle Dysphonie". Nach einer 16- bis 20-jährigen Dienstzeit zeigen sich signifikant auch organische Schäden wie chronische Laryngitis oder Stimmlippenknötchen.

In Deutschland sind die Ergebnisse ähnlich: Nur 40 Prozent der befragten LehrerInnen einer Studie in Berlin können ihre Unterrichtsarbeit ganz ohne stimmliche Probleme leisten. Auch hier hat fast jede/r zehnte LehrerIn Knötchen, jede/r fünfte PädagogIn einmal oder mehrmals eine Kehlkopfentzündung als Folge eines unangemessenen Stimmgebrauchs.

Der **volkswirtschaftliche Schaden** ist groß, die Folgekosten im Gesundheitswesen hoch. Die Berliner Studie von Irmelda Splett-Neumann (Tropper 2002) ergab innerhalb eines Jahres 28 % stimmkranke LehrerInnen mit einer durchschnittlichen Krankschreibung für fast elf Tage. Die Hochrechnung für die damals 30.000 Berliner LehrerInnen ergab insgesamt 90.720 Krankenstandstage, die auf Stimmprobleme zurückzuführen sind. (Diese Studie ist von besonderer Aussagekraft, da ein Vergleich zwischen Ost- und Westdeutschland möglich war. Vor der „Wende" legte man im Osten mehr Augenmerk auf die Aus- und Fortbildung der LehrerInnen im Bereich Sprecherziehung. Die Ergebnisse waren signifikant positiver.) Untersuchungen in den USA beziffern die jährlichen Behandlungskosten und die Kosten für stimmstörungsbedingte Fehltage mit 2,5 Milliarden US-Dollar jährlich.

Über die Frühpensionierungen aufgrund von Stimmproblemen existiert meines Wissens noch keine umfassende Studie. Die Vermutung liegt nahe, dass auch hier dem Gemeinwesen Milliardenkosten erwachsen.

Im deutschsprachigen Raum ist am Beginn der Berufsausbildung nirgendwo eine verpflichtende Stimm-Tauglichkeitsprüfung vorgesehen. Auch nicht vor dem Dienstantritt. Einzig in der Schweiz ist für ein Sonderpädagogikstudium eine Stimmeignungsprüfung erforderlich.

Der Stimmhygiene fehlt nach wie vor außerhalb der Fachkreise die Anerkennung als unverzichtbarer Bestandteil in der Ausbildung und während des Berufslebens. Das Fach Sprecherziehung war auf der Pädagogischen Akademie, die ich selber noch besucht habe, vor 25 Jahren ein „Freifach" ohne Prüfung. Vor wenigen Jahren wurde es in Österreich an den Pädagogischen Hochschulen ersatzlos gestrichen. Heute liegt es im Ermessen und dem Budget des Rektorats, ob das Fach angeboten wird ...

2. Die berufsspezifische Belastung von PädagogInnen

Wie sollen Sie also unter solchen Umständen im Unterricht richtig sprechen? Sie laufen Marathon mit Ihrer Stimme, niemand hat Sie vorgewarnt, kaum jemand labt sie unterwegs. Dass angesichts dieser Situation Gefühle von Ohnmacht, Gleichgültigkeit, Machtlosigkeit, Resignation, innerer Emigration in manchen von Ihnen auftauchen, kann ich persönlich gut verstehen.

Die andere Seite: Die Hälfte aller PädagogInnen klagt über ein oder mehrere Stimmsymptome, aber nur ein Prozent tritt eine Therapie an. – An den Universitätskliniken häufen sich die schwersten oder nicht mehr heilbaren Krankheitsverläufe, aber gleichzeitig gehen die Anmeldungen zur Stimmuntersuchung zurück. – In meinen offenen Kursen der letzten 15 Jahre stammen lediglich fünf Prozent der BesucherInnen aus dem pädagogischen Bereich. Eine Diskrepanz im Umgang mit der Stimme lässt sich nicht abstreiten.

In der Diskussion werden zu diesen Fakten stets Gründe besprochen, die im Lehrerkreis vermutet werden:
- LehrerInnen gehen davon aus, dass es sich bei der stimmlichen Beeinträchtigung um eine vorübergehende Erscheinung handelt.
- Sie meinen, mit dieser Einschränkung leben zu müssen (die Stimme sei angeboren und unveränderbar).
- Sie leugnen die Stimmstörung.
- Sie haben zu wenig Information über die vielfältigen Behandlungsmöglichkeiten.
- Sie haben zu wenig Kenntnis von der Funktionsweise der Stimme.
- Sie unterschätzen die Wirkung ihrer (kranken) Stimme im Unterricht.
- Sie scheuen den zeitlichen Aufwand.
- Sie sind nicht bereit, in ihre Stimme zu investieren.
- Sie fühlen sich vom Schul- und Ausbildungssystem zu wenig unterstützt.

Einige dieser Gründe kann man auf die „Systeme" und die „Systemverantwortlichen" übertragen: zu wenig Information über die Wirkung, Wichtigkeit und Schulungsfähigkeit der Stimme, das Ignorieren oder Nichtwahrhaben-Wollen der damit verbundenen Kosten für die Allgemeinheit. **Eltern** haben gar keine Ahnung davon, wie viele Supplier- bzw. Vertretungsstunden ihre Kinder bekommen, weil der „planmäßige" Lehrer stimmkrank ist. Ob die zuständigen **Gesundheits- und SozialministerInnen** die tatsächlichen Kosten kennen, die die Stimmerkrankungen der LehrerInnen verursachen, wage ich zu bezweifeln. All die vielen **Einzelinitiativen** haben noch nicht die kritische Marke des öffentlichen und gesellschaftspolitischen Bewusstseins überschritten.

Glauben Sie mir, wenn ich als Mutter erfahre, wie viele Stunden mein Kind seinen Klassenlehrer nicht hat, weil er an Stimmproblemen leidet, würde ich mich mal schlau machen über die Zusammenhänge und dann anders und bewusster über Abhilfe nachdenken. Ich würde bei der nächsten Elternversammlung anregen, dass zukünftig angekaufte Schulmöbel auch auf ihre akustischen Eigenschaften überprüft werden. Es gibt lärmdämmende Beläge, Wandanstriche etc.

2. Die berufsspezifische Belastung von PädagogInnen

Wenn ich Gesundheits- oder Sozialministerin wäre oder Chefin einer Krankenkasse und mir käme zu Ohren, wie viel Geld mein Ressort/Institut für stimmkranke Lehrkräfte ausgibt, ich würde mal die Beteiligten an einen runden Tisch bitten …

Man wird ja wohl ein bisschen träumen dürfen, Visionen haben können … am Ende des Buches, wenn ich meine Arbeit getan habe. Wenn ich meine Aufgabe erfüllt habe: ein grundsolides, motivierendes, informatives, stimmungshebendes, praktisches Buch für Ihre eigene Stimme und Ihren stimmigen Unterrichtsalltag zu schreiben!

3. Die Wirkung Ihrer Stimme

3.1 Interne Simulation

Stimme wirkt und Stimme be-stimmt. Stimme hat viele Facetten. Gleich, mit welchem Blickwinkel wir die Betrachtung beginnen, Einigkeit herrscht unter Insidern und Laien, unter StimmbesitzerInnen und StimmbenützerInnen: **Stimme ist wichtig.** Das ist spätestens dann klar, wenn man sie zeitweise nicht hat. Einschränkung und/oder Verlust der Stimme sind folgenschwer für Betroffene und ihr ganzes Umfeld. Wenn sie also da ist – wovon wir wohl täglich ausgehen –, was haben wir dann? Wir besitzen:

- ein starkes Ausdrucksmittel,
- ein Instrument der Seele,
- einen Spiegel unseres Selbst,
- einen Träger der Sprache (spezifisch menschlich),
- einen Schlüsselreiz in der Kommunikation,
- ein intimes Mittel der Kommunikation,
- ein Wunderinstrument,
- einen Ausdruck der Persönlichkeit,
- ein komplexes Phänomen,
- einen physikalischen Vorgang (Schwingungen),
- ein individuelles Persönlichkeitsmerkmal (einzigartig wie ein Fingerabdruck),
- ein machtvolles Manipulationswerkzeug,
- ein Transportmittel für Emotionen,
- ein unbekanntes Wesen,
- ein Trägermedium für fachliche Inhalte,
- einen Gradmesser für die Seelenkraft,
- eine Leistungsfunktion des Körpers (Sprechstimme, Rufstimme, Singstimme).

Das ist schon ganz schön viel. Das ist lange noch nicht alles. Was Stimme genau ist, lässt sich nur umkreisen. Die oben genannten Formulierungen wiederholen sich in der immer zahlreicher werdenden Literatur zum Thema.

Was ist Ihre Stimme für Sie? Was ist Ihre Stimme für Ihre ZuhörInnen? In jedem Fall etwas, auf das die ZuhörerInnen reagieren. Spontan, intuitiv und emotional. Über den Klang der Stimme entscheidet sich die positive oder negative Einstellung einem Gesprächspartner gegenüber.

Lange bevor sich jemand mit Ihrem verbalen Inhalt befasst, hat sie/er auf einer körperlich-mechanischen Ebene mit Ihnen Kontakt aufgenommen oder gleich wieder unterbrochen. Im Augenblick, da Sie etwas sagen, vollzieht Ihr Publikum ganz oder teilweise Ihren Körperzustand mit. Sie kennen das Phänomen der **internen Simulation** aus eigener Erfahrung: Die Vortragende hat einen Frosch im Hals: *Wir* selbst müssen uns räuspern. – Der Vortragende hat ein Luftproblem: *Wir* halten den Atem an oder schnappen nach Luft. – Das eigene Kind oder eine

3. Die Wirkung Ihrer Stimme

Schülerin der Klasse ist nervös beim Gedichtaufsagen: *Wir* als Mutter oder Vater oder LehrerIn leiden mit. – Der Vortragende ist monoton und schwunglos, weil der Muskeltonus fehlt: *Wir* werden müde und schläfrig. – Die Sprecherin ist wach, entspannt und aufmerksam: *Wir* sind es auch.

Diese Übertragung des Körpergeschehens vom Sprecher zum Zuhörer heißt auf der Atemebene „psychorespiratorischer Effekt". Auch die Bezeichnung „funktioneller Nachvollzug" ist gebräuchlich. Alle Ihre Billionen Körperzellen übertragen Ihren eigenen Spannungszustand auf die Körperzellen der HörerInnen! Ganz gleich, ob Sie diesen Effekt kennen, ihn bewusst einsetzen oder noch nie davon gehört haben, er läuft bei jeder stimmlichen Kommunikation ab, ob wir wollen oder nicht.

Dieses Phänomen gilt nicht nur für die Stimme, sondern z. B. auch für ansteckendes Gähnen oder die Erzeugung eigenen Speichelflusses, wenn wir jemandem zuschauen, der in eine Zitrone beißt. Die Spiegelneuronenforschung ist diesen Abläufen generell auf der Spur. Auch wenn es noch dauert, bis wir genau verstehen, warum und wie das geschieht, ist auch ohne viel Fantasie die Konsequenz daraus klar: Wenn Sie heiser sind, übertragen Sie Ihre Halsschmerzen auf die SchülerInnen. Wenn Sie innerlich angespannt sind, sind die SchülerInnen nicht relax. Wenn Sie gegen Ende der Stunde unter Zeitdruck geraten, innerlich unruhig werden, weil Sie mit den Informationen nicht durchkommen – was machen die Kinder dann? Nein, sie hören nicht schneller zu. Sie übernehmen Ihre Unruhe und fangen meist an, wie aufgeschreckte Hühner zu kramen, zu verstauen, herumzurutschen. Sie spiegeln Ihren zeitlichen Stress, Ihre körperlich unruhige, gestresste Redeweise.

Oder aber Ihre SchülerInnen wählen die alternative Reaktion: abschalten. Denn die Übertragung funktioniert unter der Voraussetzung, dass jemand zuhören **will**. Und hier zeigt sich eine eiserne kommunikative Grundregel: Der Zuhörer will es bequem haben. Er ist ein umso dankbarerer Zuhörer, je bequemer der Redner es ihm macht. Je unbequemer – in diesem körperlichen Sinn – das Zuhören ist, umso schneller schalten wir ab, gehen auf Distanz, lehnen den Sprecher ab und damit auch den Inhalt.

„Wesentlichen Anteil am Klang der Stimme haben nicht nur die an der Stimmproduktion beteiligten Muskeln, sondern die Spannungsverhältnisse im gesamten Körper. Eine höhere Anspannung bedeutet in der Regel mehr Energie im Klangspektrum. Ein erhöhter Muskeltonus verringert die Dämpfungseigenschaften des Sprechtraktes und führt zu Veränderungen des Schwingungsverhaltens der Stimmlippen. Eine Spannungs- und energiereichere Sprechweise geht in der Regel mit einer impulsförmigeren Anregung des Sprachschalls im Kehlkopf einher. Dies wiederum führt zu einer geringeren Dämpfung der höheren harmonischen Obertöne, also zu mehr Energie in den höheren Teiltönen des akustischen Spektrums. Hörer können eine solche Färbung der Stimme deutlich wahrnehmen. Entscheidend für die Wirkung beim Hörer ist weiterhin, ob die Sprechenergie mit Leichtigkeit oder großer Anstrengung, vielleicht sogar gepresst hervorgebracht wird. Man kann davon ausgehen, dass der Hörer diese Anstrengung nicht nur registriert, sondern mitfühlt, seine Muskeln mit anspannt und diese Anspannung zu positiven oder negativen Empfindungen führen kann", haben Astrid Paeschke und Walter F. Sendlmeier (1997) ihre wissenschaftliche Forschung auf den Punkt gebracht.

3.2 Pädagogische Vorbildfunktion

„Kinder sind Meister der Imitation. Sie ahmen nach, was sie hören, und vergessen es nicht." So drückt es der Kinderstimmbildner Paul Nitsche aus (Haupt 2004).

Was die Stimme angeht, läuft der Erwerb des Stimmgebrauches genau so ab. Kinder hören die Stimmen ihrer Bezugspersonen, spüren funktional (siehe oben), wie die Erwachsenen es machen, und dann machen sie es ebenso. Punkt. Das gilt entgegen der landläufigen Meinung nicht nur für den Spracherwerb, sondern auch für den Stimmeinsatz. Wir haben zwar von Geburt an vererbte Sprechwerkzeuge, eine anatomisch vorgegebene Kehlkopfgröße, aber wie wir die Stimme erzeugen, wie wir die Sprechwerkzeuge verwenden, das hängt von unserem sozialen Umfeld ab und von unseren individuellen Vorbildern. Diese Vorbilder beeinflussen bereits in den ersten zwölf (!) Lebensmonaten unsere Melodie, den Rhythmus und die Betonung. Und bereits in diesem zarten Alter ist nachgewiesen, dass Kinder auch kranke Stimmen unbewusst nachahmen. Vorbilder bleiben prägend bis ins Erwachsenenalter. Gute – wie natürlich auch unökonomische. KindergartenpädagogInnen, die dauerhaft zu hoch sprechen, beeinflussen den Stimmgebrauch ihrer Kinder nachweislich negativ.

Auffallend oft bringen Untersuchungen das Ergebnis, dass vor allem die unökonomische Lehrerstimme, die gefährdete Stimme häufig Ursache für unbeabsichtigte Unruhe und Unaufmerksamkeit ist. Lehrerstimme und Schülerdisziplin hängen zusammen. Aber selbstverständlich prägen auch ökonomisch und phonetisch richtig sprechende PädagogInnen die Sprechbildung ihrer SchülerInnen. Auch das wissen die ForscherInnen seit Jahrzehnten.

Ich möchte Ihnen die Vorbildfunktion mit meiner persönlichen Erfahrung belegen: Vier Jahre lang habe ich in Deutsch, Geschichte und Bühnenspiel eine Klasse von der fünften bis zur neunten Schulstufe begleitet – in der Hauptschule einer Kleinstadt, „wo man sich kennt". Meine eigene Sprechausbildung als Rundfunkmoderatorin hatte ich schon abgeschlossen. Sprecherziehung war mir wichtig, meinen SchülerInnen hat es Spaß gemacht. Damals wusste ich längst nicht so viel von dem, was in diesem Buch steht. Aber die einfachsten Übungen und vor allem meine Vorbildwirkung haben genügt. Beim Antritt einer Lehre oder beim Wechsel in eine weiterführende Schule bekamen die Jugendlichen mehr als einmal zu hören: „Du kommst aus der Klasse von Ingrid Amon, nicht wahr? Man hört es an deinem Reden!" Auch gelegentliche Klassentreffen in späteren Jahren haben bestätigt, dass die SchülerInnen sich an meiner eigenen Art zu sprechen orientiert haben.

3. Die Wirkung Ihrer Stimme

Meine Tochter Isabel ist eben zwölf Jahre alt geworden. Sie ist aufgewachsen in einer Familie, in der das gesprochene Wort ein gelebter Wert ist. Sie hat gutes Sprechen quasi mit der Muttermilch bekommen. Sie spricht deutlicher, voller und melodischer als viele KlassenkameradInnen. Das war auch in der Volksschule so. Allerdings hielt ich mich für nicht objektiv dem eigenen Kind gegenüber. Mutterstolz und so ... Bis zwei Jahre später ein befreundeter Stimmtrainerkollege seinen Sohn auch in diese Volksschule brachte. Wir haben beide eine ähnliche Ausbildung und waren beide lange Jahre im Hörfunk tätig. An seinem Sohn konnte ich erst unvoreingenommen hören, welchen Vorsprung unsere beiden Kinder in sprechtechnischer Hinsicht haben.

Das Kind eines Tischlers kann wahrscheinlich besser mit einem Hobel umgehen als Gleichaltrige. So kann meine Tochter eben besser mit Stimme und Wörtern umgehen. Was bleibt, ist meine klare Bitte an Sie als PädagogInnen: Sie prägen die Stimmen, das Sprechen Ihrer Klassen. Je länger Sie mit ihnen zusammen sind, umso mehr. Sie prägen damit eine heutzutage unverzichtbare Kommunikationsfähigkeit. Seien Sie sich dessen bewusst, gehen Sie achtsam und lustvoll damit um. Stimme macht so viel Stimmung! Stimme bereichert den Unterricht!

Für Sie als „Voice-Worker" allerersten Ranges gilt als eine Standardanforderung, dass Sie ein grundlegendes Wissen um die biomechanischen Funktionen der Stimme als Kommunikationsinstrument besitzen. Ich stelle auch den Anspruch an Sie als PädagogIn, dass diese Kenntnis in einer Fertigkeit mündet, die Sie Ihre eigene Stimme physiologisch richtig und ökonomisch effizient gebrauchen lässt. Ihr subjektives Stimmgefühl soll Sie Stimmstörungen frühzeitig erkennen lassen. Ihre eigene Stimmschulung soll außerdem ermöglichen, dass Sie bei den Stimmen und beim Sprechen Ihrer SchülerInnen gewisse diagnostische Kriterien sicher anlegen können. Sie brauchen selbst keine therapeutischen Maßnahmen zu ergreifen, sollen aber wissen, welche SpezialistInnen beigezogen werden können.

Mit Ihrer eigenen Schulung und dem Wissen um Ihre Vorbildwirkung können Sie den Themenkreis „Sprechen – Stimme – Vortragen – Kommunizieren" fachlich fundiert unterrichten, wie Sie es am eigenen Leib erlebt haben. Sie leisten „Sprecherziehung" in einem umfassenden und kreativen Sinne gerne und authentisch in der Gewissheit, Ihre SchülerInnen bestmöglich für die kommunikative Zeit, in der wir leben, zu rüsten. Außerdem macht Stimmarbeit Spaß. Sie erlaubt Ihnen, die Entwicklung der heranwachsenden Persönlichkeiten **hörbar** mitzuerleben.

Ich werde Sie bestmöglich dabei unterstützen, die Fitness Ihres Stimmapparates zu optimieren.

4. Die Atmung

4.1 Physiologie

Das Material, aus dem die Stimme besteht, ist Luft. Ausatemluft. Ausatemluft ist genau genommen ein Abfallprodukt unseres menschlichen Organismus. Also ist die Stimme eigentlich ein Recyclingprodukt … Das Organ, in dem der Sauerstoffaustausch geschieht, ist die Lunge. Die Lunge kann sich nicht alleine ausdehnen, sie braucht zur Unterstützung die sie umgebende Muskulatur. Diese Information ist wichtig, weil damit Klarheit entsteht, was Atemtraining körperlich bedeutet: die Aktivierung, die bewusste Steuerung, den Umgang mit **Muskeln**. Wir trainieren bei jeder Form des Atemtrainings unsere Fähigkeit, Muskeln zu bewegen – nicht die Lungen … Das Gute an Muskeln ist, dass man sie trainieren kann. Das Schlechte daran ist, dass man sie trainieren **muss**, wenn man ihre volle Leistung hervorholen möchte. Die Frage drängt sich auf: Wie gut ist Ihre Atemmuskulatur „in Form"?

Unsere Atemmuskeln sind in erster Linie das Zwerchfell, zweitens die Zwischenrippenmuskulatur und drittens als „Reserve" die Schultermuskulatur. Unser physikalisches Verständnis besagt und die Skizze (siehe Seite 23) zeigt, dass nur das Zwerchfell bei seiner Bewegung **mit** der Schwerkraft arbeitet und die beiden anderen dagegen. Zwerchfellatmung hilft der Lunge, sich nach unten auszudehnen, das ist ökonomisch. Sie belüftet die Lunge bis in die untersten Winkel, man spricht auch von Tiefatmung. Zwerchfellatmung ist unschlagbar ökonomisch – ein Zentimeter Abwärtsbewegung ermöglicht das Einströmen von etwa 300 Milliliter Luft.

Wenn sich das Zwerchfell nach unten abplattet, werden alle Darmschlingen etc. nach unten verdrängt, sie brauchen Platz – der Bauch wölbt sich nach vorne. Das ist die einzige Ausweichmöglichkeit, denn hinten befindet sich das Kreuz. Wir nennen Zwerchfellatmung manchmal auch Bauchatmung. Lassen Sie sich von den Begriffen nicht verwirren. Wir brauchen für eine gesunde **Sprechstimme** vor allem das Zwerchfell in Kombination mit der Zwischenrippenmuskulatur. Das Training dieser riesigen Muskelplatte hat als Ziel die größtmögliche Flexibilität und die bewusste Zugriffsmöglichkeit auf diese an sich automatisch angelegte Auf-und-ab-Bewegung.

Bei vielen Menschen sind in ineffizienter Weise die drei Muskelgruppen gekoppelt. Das Zwerchfell kann sich gar nicht alleine bewegen, die Schultern arbeiten stets mit. Das Zwerchfell ist zu wenig trainiert, sodass die Ersatzmuskeln mit viel höherer Anstrengung arbeiten müssen.

Atem**wahrnehmungs**übungen funktionieren deswegen anfangs meist am besten im Liegen.

4. Die Atmung

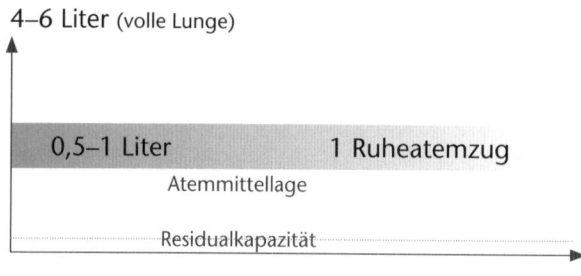

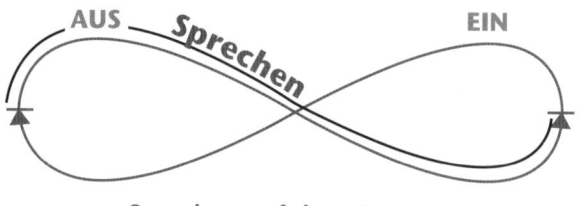

Sprechen auf dem Ausatmen

1. Atemfunktion = Leben
2. Funktion   = Stimme

Wo Leben Platz hat, hat Stimme auch Platz.
Wo Leben geschieht, geschieht auch Stimme!

Praxis

♥ Gerade hinsetzen und kurz den Atem beobachten: Was glauben Sie, wie viel Sauerstoff tauschen wir bei einem Atemzug in Ruhe aus? Sie werden schnell spüren, dass Sie nicht **alles** auf einmal austauschen.

Wir sind als Menschen ziemlich durchschnittlich konzipiert. In eine durchschnittliche Lunge passen etwa vier bis sechs Liter Sauerstoff. Bei einem Atemzug werden etwa 500 ml bis ein Liter Luft gewechselt. Den schmalen Korridor, von dem aus wir ggf. mehr ein- oder ausatmen können, nennt man **Atemmittellage**.

Allein die Bereitschaft zu einer Tätigkeit (sprechen, singen, Kisten heben, Blumen pflücken …) erweitert den Korridor etwas. Schon wenn Sie sich vorstellen, dass Sie demnächst sprechen werden, können Sie wahrnehmen, dass Sie ohne Stress etwas tiefer ein- und ausatmen.

Nun ist die allererste Funktion unseres Atems die **Lebenserhaltung**. Und offensichtlich funktioniert „Leben" mit ganz wenig Luft! Mutter Natur lässt nun auf dem Atem noch eine zweite Funktion geschehen, nämlich **Stimme/Sprechen**. Aber die zweite Funktion bleibt ein für alle Mal der ersten Funktion untergeordnet. Leben geht immer vor Stimme! Wenn man bereit ist, diese körperliche Tatsache anzuerkennen, ergibt sich die entlastende Erkenntnis, dass man sich beim Sprechen niemals um die Atemversorgung ängstigen müsste. Wenn sich Leben mit einem halben Liter Luft ausgeht, geht sich Sprechen – als untergeordnete Funktion – darin immer **auch** aus.

Aus diesem Blickwinkel ist es völlig unverständlich, warum viele Menschen lernen, man müsse vor Sprechbeginn tief **ein**atmen. Andere lernen, tief **aus**zuatmen … Beides hilft nicht wirklich. Wir sollen uns in die Atemmittellage hineinatmen.

4. Die Atmung

Praxis

♥ Gaaaaanz tief einatmen, vollstopfen mit Luft, bis nichts mehr hineingeht. Dann sofort sprechen: „Guten Morgen, liebe 2b!" oder „Herzlich willkommen zum Elternabend".

◉ 12: Zu viel Information auf jedem Atemzug: Die Luft geht aus, Einatmen wird störend hörbar.
Herzlich willkommen, liebe Mütter und Väter, beim Elternabend der 2c. Ich freue mich, dass Sie so zahlreich gekommen sind. Mein Kollege und ich werden Sie über die drei wichtigsten Klassenprojekte in diesem Schuljahr ausführlich informieren.

Was hören Sie? Eine überlüftete, gepresste, vermutlich hauchige Sprechweise. Die Stimmmelodie fällt bis zum Ende energetisch ab. Klar, die „Luft ist ja draußen". Das passiert mit zu viel Luft – es ist kein voller Klang möglich. Wie man mit zu viel Luft auch nicht pfeifen kann …

Das zu starke Einatmen hat auch einen körpersprachlichen Aspekt: Wir „plustern" uns vor Sprechbeginn gerne auf, um den ZuhörerInnen zu signalisieren, dass es gleich losgehen wird, dass wir mit unseren Ausführungen gleich die Führung, die Hauptrolle übernehmen werden. Wir versuchen, über einen aufgeblähten Brustkorb körperliche Präsenz zu erzeugen. Das funktioniert besser anders (siehe Abschnitt 8.2).

Viel öfter beobachte ich aber, dass Menschen das Prinzip der Luftversorgung beim Sprechen nicht (mehr) kennen. Und oft in der Schulzeit anders getrimmt werden. Die Vorstellung herrscht vor, dass man mit viel Einatemluft auch möglichst viele Informationen auf einmal loswerden kann. Wenn man allerdings schon am Beginn an seine Grenzen geht, wird zumeist zum Satzende hin die Grenze nicht beachtet. Die Luft geht garantiert dort aus und nötigt zu einer langen, laut hörbaren Atempause, wo sie weder grammatikalisch noch von der Sprechgliederung hingehört!

Back to the roots! Anerkennen wir: Dort, wo entspanntes Atmen geschieht, geschieht auch entspanntes Sprechen. In der Atemmittellage. Wenn ich Sie pikse, können Sie „Aua" sagen, **ohne vorher** Luft zu holen. Kein Hund holt Luft, bevor er bellt, keine Kuh atmet extra ein, um zu muhen.

4–6 Liter Zu viel **EIN**atmen

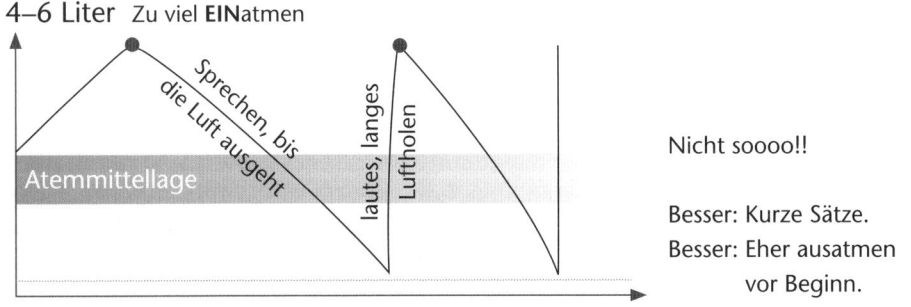

Nicht soooo!!

Besser: Kurze Sätze.
Besser: Eher ausatmen vor Beginn.

4. Die Atmung

> ● 13: Wenn zu viel eingeatmet wird, klingt die Stimme überlüftet und gepresst. *Herzlich willkommen, liebe Mütter und Väter.*

Praxis & Unterrichtstipps

> ♥ ✳ Noch einmal wie oben mit Atemluft vollfüllen, kurz anhalten, dann bei aufrecht bleibendem Oberkörper herzhaft und hörbar ausseufzen … aaaaaahhhhhhhhhh …, bis sich der Körper entspannt (nicht lasch!) anfühlt. Jetzt sofort mit voller Stimme und guter Lautstärke sprechen: „Willkommen beim Elternabend!" Es wird leicht, entspannt und voll klingen.

Die meisten von Ihnen werden also in Zukunft vor dem Sprechbeginn eher kurz **aus**atmen.

> ● 14: Bewusste Demonstration der Atemmittellage
> Zu viel Einatmen – ausseufzen bis zur Atemmittellage – Sprechbeginn.
> *Herzlich willkommen, liebe Mütter und Väter, beim Elternabend der 2c.*

Nun ist das Atemgeschehen in der Praxis nicht ganz so stabil wie eben geschildert. In Stresssituationen sind wir oft kurzatmig. Auf einen Ausatemzug lassen sich in aufgeregtem Zustand nicht so viele Wörter „daraufladen" wie auf einen langsam fließenden, entspannten Atem. Für die Praxis empfiehlt sich deswegen, grundsätzlich in kurzen Abschnitten und Sätzen zu sprechen und zahlreiche Pausen einzulegen.
- Atempausen – um die körperlichen Bedürfnisse zu erfüllen.
- Sinnpausen – um die Informationen neu zu gliedern.

Dann ist man in der Informationsübertragung einerseits unabhängig davon, ob man nun einmal mehr oder weniger Atem hat. Andererseits kommen die ZuhörerInnen bei kurzen Sätzen auch besser mit. Besser sind kurze Abschnitte mit vielen Pausen.

Vielleicht ist Ihnen mit diesen Schilderungen mittlerweile klar, warum jede/r RednerIn, SprecherIn, ReferentIn, LehrerIn gut daran tut, sich mit dem eigenen Atemmuster vertraut zu machen – nämlich als Transportmittel für den eigenen Klang. Damit ich meine Stimme von meinem Atem **entspannt transportieren** lassen kann, muss ich eigentlich in allen Situationen meines Lebens bestmöglich Bescheid wissen, wie der Atem gerade läuft. Damit kann ich abschätzen, wie viele Wörter ich damit sprechen kann.

Ziele sind: ein Gefühl zu entwickeln für die Bewegung des Atems, eine gute Wahrnehmung zu bekommen für die Atemmuskeln, die Beobachtung zu schärfen für das eigene Atemmuster, Gespür zu bekommen für die Eingriffsmöglichkeiten in Stressphasen, Vertrauen aufzubauen, dass der Atem meine Botschaft fast immer trägt, zu akzeptieren, wie die körperlichen Abläufe konzipiert sind.

4. Die Atmung

Atem ist Leben. Das Zwerchfell ist unsere Mitte. Für die philosophischen Ausführungen zu diesem Thema ist hier nicht genügend Platz. Aber ich weiß, dass die meisten PädagogInnen sich genügend Weisheit und Reflexionsfähigkeit erworben haben, um zu wissen, welche tiefe Bedeutung der Atem für uns Menschen hat. Und wie Atembewusstsein mit Selbstbewusstsein zusammenhängt.

Praxis

♥ **Schweigen:** Meine persönliche Lieblingsübung zum Thema Atmung ist eine Kombination aus Wahrnehmen und Stimmeschonen. Jeden Monat verordne ich mir vier bis fünf Stunden „Schweigen". Und meine einzige Aufgabe bei allem, was ich schweigend tue, ist, meinen Atem zu beobachten. Jede Tätigkeit ist erlaubt außer Lesen, Fernsehen, Arbeit mit dem Computer, Radio- oder Musikhören. Aber bügeln, Geschirr spülen, nähen, Glühbirnen auswechseln, aufräumen, reparieren, basteln … Only be with your breath! Beobachten. Wahrnehmen. Spüren. Die Wahrnehmung verfeinert sich und damit auch meine Möglichkeit einzugreifen, wenn ich möchte. Die Sicherheit des Getragenwerdens steigt und die Gewissheit, mich auf meinen Atem verlassen zu können.

♥ **Atem beobachten:** Im Liegen den Atem für zehn Minuten beobachten. Das lässt sich gut am Morgen noch im Bett durchführen.

♥ Im Liegen **drei Bücher auf den Unterbauch** legen. Die Bewegung wahrnehmen, wenn die Bücher sich auf und ab bewegen. Dann auch versuchen, den Vorgang muskulär zu steuern mit Bauchvorwölben bzw. -einziehen.

Unterrichtstipps

✳ Diese drei Übungen sind auch je nach Alter für Ihre SchülerInnen geeignet. „Mit dem Atem sein" kann man zum Beispiel bei kurzen Spaziergängen zur Aufgabe machen, etwa zehn Minuten lang. Wenn die Aufmerksamkeit nachlässt, einfach wieder zurück zur Beobachtung ohne Stress. Die Übung erweist sich zudem als konzentrationsfördernd. Die liegenden Übungen eignen sich gut im **Sport** nach der Anstrengung.

4.2 Die reflektorische Atemergänzung – Abspannen

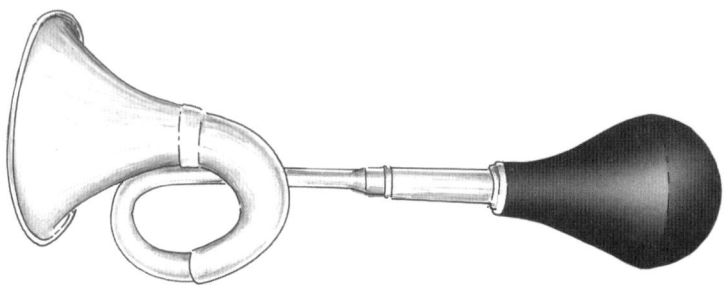

Anhand dieser Autohupe ist es ganz einfach, einen Reflex zu erklären, der in unserem Atemsystem abläuft und den wir beim Sprechen nutzen können. Drückt man den Gummiballon zusammen, wird die Luft ausgestoßen und der Ton erklingt. Lässt man den Ballon los, füllt er sich **von alleine** mit Luft. Für den nächsten Ton ist alles bereit. Der wichtigste Aspekt dieses Vorganges ist die **automatische** und ziemlich rasche Befüllung mit Luft. Abhängig ist die Befüllung von der Elastizität des Gummiballons (wie schnell springt dieser wieder zurück?) sowie von der Fähigkeit der Person, die die Hupe bedient (wie rasch kann diese den Ball loslassen?).

Unser Zwerchfell kann das auch: uns in ganz kurzer Zeit mit Luft versorgen. Automatisch, ohne unser Zutun, rasch und sicher. Das funktioniert über einen Reflex, den wir bewusst auslösen können. **Wenn** wir können. Wir sprechen, erzeugen einen Ton, das Zwerchfell hebt sich (= ausatmen), dann lassen wir das Zwerchfell los, dieses schnellt in die Einatemstellung zurück, unsere Lunge füllt sich automatisch mit Luft. Wir sind bereit für die nächsten Sätze, Wörter, Töne.

Ein gut trainiertes, reaktionsfähiges und -bereites Zwerchfell kann in 0,2 Sekunden bis zu 400 Milliliter Luft automatisch ergänzen. In der Sprechtechnik hinlänglich bekannt als **Abspannen**.

Physikalisch funktioniert das über ein Unterdrucksystem. Dieses Phänomen füllt mit Sicherheit zwei komplette Unterrichtseinheiten in *Physik* und führt in Verbindung mit der Stimme zu einem guten Verständnis der folgenden Übungen.

4. Die Atmung

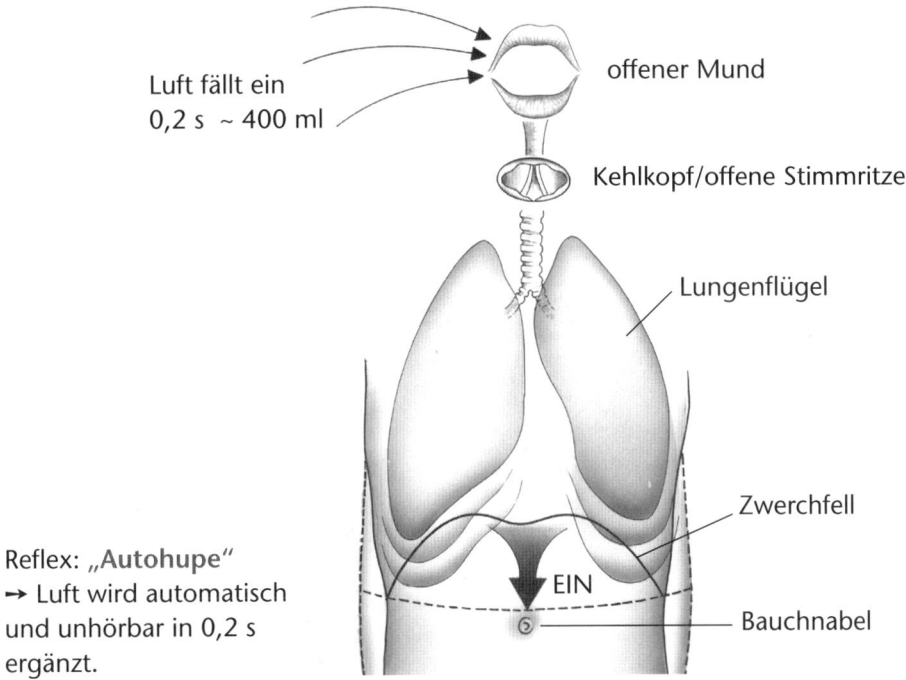

Luft fällt ein
0,2 s ~ 400 ml

offener Mund

Kehlkopf/offene Stimmritze

Lungenflügel

Zwerchfell

EIN

Bauchnabel

Reflex: „Autohupe"
→ Luft wird automatisch und unhörbar in 0,2 s ergänzt.

Diese Darstellung können Sie unter http://beruf-lehrerin.veritas.at downloaden und z. B. Ihren SchülerInnen geben.

Praxis & Unterrichtstipps

Wo erfahren Sie/wir das automatische Atemergänzen im Lebensalltag?

♥ ✽ **Husten:** Wir müssen nur ein paar Mal hintereinander husten. Erstens spüren wir die Kontraktion des Zwerchfells als heftige Bewegung in der Bauchmitte. Zweitens fällt die erstaunliche Tatsache auf, dass wir nach jedem Hustenstoß ganz schnell zum nächsten bereit sind. Zur Gegenprobe ziehen wir ganz bewusst nach einem Hustenstoß die Luft selber ein, aktiv. Das wird uns unnötig und störend vorkommen. Gegenprobe zwei: Husten – das Einatmen bewusst unterdrücken – wieder husten: Uns geht die Luft aus.

♥ ✽ **Christbaumkerze ausblasen:** Wollen wir z. B. am Weihnachtsbaum eine Kerze im oberen Bereich ausblasen, stellen wir uns üblicherweise auf die Zehenspitzen, blasen kurz und heftig aus. Während sich die Sohlen wieder auf den Boden stellen, bleibt unser Mund offen stehen, damit ist der Weg frei für die Luftergänzung. Wir sind wieder voll Luft, sobald wir auf dem gesamten Fuß stehen. Das geschieht normalerweise in wenigen Sekunden. Gegenprobe: Den Vorgang simulieren und dabei bewusst den Mund nach dem Ausblasen der Kerze schließen. Wir werden Luftknappheit spüren, weil wir die Atemergänzung blockiert haben.

4. Die Atmung

♥ ✱ **Ho-ruck:** Wenn wir im Team gemeinsam in der Vorstellung einen Karren an einem Seil aus dem Dreck ziehen oder beispielsweise gemeinsam eine Last hochhieven wollen, sagen wir oft im Chor: „Hoooo-ruCK ... hooo-ruCK ... hooo-ruCK." Simulieren Sie so eine Situation oder führen Sie sie mit den SchülerInnen wirklich durch *(Sport)*. Wenn wir rhythmisch ziehen und sprechen, müssen wir niemals aktiv Luft holen. Gegenprobe: Wenn jeder aktiv einatmet, fällt das Team aus dem Rhythmus und es wird die Aufgabe nicht lösen können.

♥ ✱ **Ball prellen mit „Hopp":** Kinder prellen oft spielerisch den Ball und rufen jedes Mal „Hopp" dazu, sie müssen dazu nicht Luft holen. In der *Sportstunde* ist das gut auszuprobieren. Wenn Sie die Gegenprobe mit aktivem Luftholen einbauen, lässt sich leicht nachvollziehen, wie sehr man aus seinem Rhythmus fällt.

Reflexion: Wie können wir uns diesen Reflex, dieses automatische Geschehen beim Sprechen nutzbar machen?
- Wir brauchen ein flexibles Zwerchfell. Nachdem das Zwerchfell ein Muskel ist, lässt es sich aktiv trainieren und in seiner Leistungsfähigkeit fördern. Das Trainingsziel ist Beweglichkeit, um das Zurückschnellen in die Einatemposition zu üben.
- Wir müssen die Reflexauslöser kennen. Beim Kniereflex z. B. ist das bekanntlich das Hämmerchen, mit dem die Ärztin die Funktionstüchtigkeit testet.

Praxis

♥ **Zwerchfelltraining:** Für Sie persönlich als PädagogIn ist ein aktives Zwerchfell von äußerst hohem Nutzen im körperlichen und auch im mental-geistigen Sinn. Ein bewegliches Zwerchfell reduziert die Herztätigkeit um entlastende 30 Prozent! Das Zwerchfell markiert körperlich unsere Mitte und auch unsere geistig-seelische. Stark, stimmig und authentisch ist man mit der **Kraft der Mitte**. Sprechen/Unterrichten geht ökonomisch und mit Stabilität im weitesten Sinn, wenn wir es aus unserer Mitte, zentriert tun. Die drei besten Möglichkeiten im Alltag, um ein starkes Zwerchfell zu bekommen:
- Jede Art von körperlicher **Bewegung** (Treppen statt Lift u. v. m.).
- **Singen** unter der Brause und wo immer Sie sonst mit Herzenslust drauflos trällern können.
- **Lachen**, so oft Sie können. Setzen Sie auf Ihre persönliche Fortbildungsliste, so bald Sie können, ein Lach-Yoga-Seminar, um ein für alle Mal die heilsame Wirkung eines gut funktionierenden Zwerchfells in Ihrem Berufsalltag zu erfahren.

Yoga-Atem: Ich habe für mich zusätzlich noch ein stetes Ausdauertraining installiert. Ich führe es einmal täglich als „Erhaltungsdosis" im Auto während einer roten Ampelphase durch. Zehnmal heftig, aber kurz durch die Nase Luft ausstoßen, eher ausschnauben, bei gleichzeitig geschlossenem Mund. Dazwischen das automatische Luftergänzen beobachten, ich muss nicht aktiv einatmen. Bei dieser aus dem Yoga entlehnten Atemübung sind die Kontraktionen des Zwerchfells für mich ganz besonders gut und auch lustvoll zu spüren.

♥ **Reflexauslöser:** Besonders gute Auslöser für den Zwerchfellreflex sind plastisch ausgesprochene Konsonanten am Ende von Wörtern: ha**t**, mus**s**, rie**f** … Die Konsonanten bilden im Mund Ventile, die den Ausatem kurz unterbrechen. Beim exakten Lösen dieser Ventile (Mund- und Kieferspannung nach jedem Wort lösen!) bekommt das Zwerchfell sein „Hämmerchen". Es wird reflexartig in die Einatemposition zurückgeschickt, dabei wird in der minimalen Sprechpause die Luft in die Lunge eingesaugt. Eine exakte Aussprache sorgt eben auch für einen stets ausreichenden Atem!

Nach Vokalen ist das Zurückfedern in den Schwa-Laut der Auslöser für die Luftergänzung (siehe das folgende Kapitel).

Unterrichtstipps

✳ **Biologie:** Die Erklärungen zur Anatomie unseres größten Hauptatemmuskels, des Zwerchfells, sollten unbedingt die Funktion des Abspannens beinhalten. Außerdem seine enorme Wanderleistung im Körper durch die stete Auf- und Abwärtsbewegung (600 bis 2 000 Meter täglich!). Schließlich seine Tätigkeit als Masseur der inneren Organe. Nicht zu vergessen seine Entspannungstätigkeit. Das Zwerchfell ist einer jener Muskeln, die im Körper die Entspannungschemie in Betrieb setzen, das parasympathische System.

4.3 Bewusste Atemsteuerung

Unterrichtstipps

✳ **Atemdruck:** Mit zu viel Druck kann man nicht ökonomisch sprechen und mit zu wenig Atemdruck auch nicht. Atem will gut eingeteilt sein, um damit Klang zu erzeugen.
Um fürs Erste den Atem aktiv steuern zu lernen, eine höchst praktikable Übung für den Schulalltag. Sie schult außerdem das Ausdrucksvermögen im Hinblick auf Betonungen. Diese Zischübungen basieren auf Vorschlägen von Arno Lauten (2006 oder 2008). Zeichnen Sie auf die Tafel verschiedene Schwingungsmuster.

4. Die Atmung

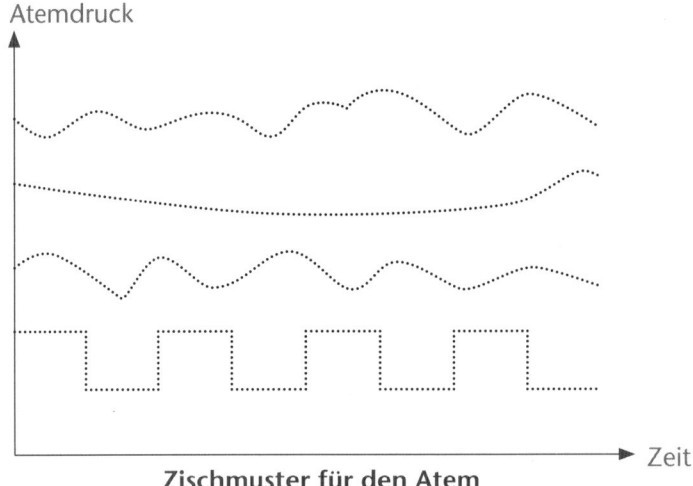

Zischmuster für den Atem

Die SchülerInnen bekommen zur Aufgabe, mit einem scharfen „ßßßßßß" diese Kurven zischend hörbar zu machen. Dafür muss mit dem Atemdruck variiert werden (in fortgeschrittenem Stadium mithilfe der unteren Bauchmuskulatur). Achten Sie darauf, dass zwischen den einzelnen Kurven eine Pause eingehalten wird, und zwar so lange, bis der Körper wieder vollgeatmet und die Körperspannung gelöst ist.

Eine Zeit lang kann dann jeweils ein Kind als Kurzimpuls am Beginn einer Stunde eine solche Kurve für die anderen aufzeichnen.

Reflexion: Je genauer wir uns die Kurve vorstellen, umso besser gelingt die Einteilung der Luft bis ans Ende. Das hat auch einen direkten Transfer zu Sätzen und Phrasen zur Folge.

5. Der Kehlkopf – Tongebung

5.1 Physiologie

Die ausströmende Luft wird im Kehlkopf an den Stimmbändern vorbei nach außen geführt. Wir haben zwei Stimmbänder (Stimmlippen), die ca. eineinhalb Zentimeter lang sind und sich horizontal angeordnet im oberen, beweglichen, verdickten Ende der Luftröhre (= Kehlkopf) befinden.

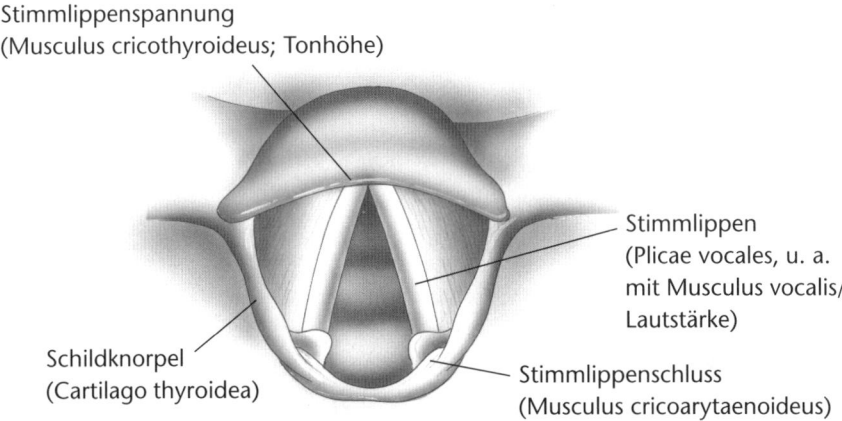

Stimmlippenspannung (Musculus cricothyroideus; Tonhöhe)

Stimmlippen (Plicae vocales, u. a. mit Musculus vocalis/ Lautstärke)

Schildknorpel (Cartilago thyroidea)

Stimmlippenschluss (Musculus cricoarytaenoideus)

Die Stimmbänder werden durch winzige Muskeln gespannt und in Schwingung versetzt. Wenn die Luft daran vorbeiströmt, wird auch sie ins Schwingen gebracht. Hörbare, schwingende Luft sind die Schallwellen. Wir erzeugen hier unsere Töne, unseren Grundklang. Dieser Körperabschnitt ist ein Global Player, alle Menschen auf der Welt haben im Kehlkopf ihr „Tonstudio". Hier entsteht der sogenannte Primärschall. „Die Lunge stellt einen Ausatmungsstrom mit oszillierenden Luftmolekülen zur Verfügung, der über die Grenzflächenwirkung des Schleimhaut-Flüssigkeitsfilms die Stimmlippen/Kehlkopf zu periodischen Schwingungen anregt (Idealfall)", formulierte der Salzburger Festspielarzt Dr. Josef Schlömicher-Thier in einem Vortrag.

Stimmbänder sind mit Schleimhaut umgeben, damit die Berührungen der Stimmbandkanten „wie geschmiert" geschehen können. Für Stimmbänder findet sich oft die Bezeichnung Stimmlippen. Anatomisch stimmt diese Gleichsetzung nicht, aber außerhalb der Fachkreise hat sich diese Unschärfe in der Allgemeinheit durchgesetzt. Die Öffnung zwischen den Stimmbändern nennt man Stimmritze.

Wenn wir genügend **Wasser** trinken – zwei bis drei Liter täglich –, steht für die Sekretproduktion der Schleimhäute genügend Kapazität zur Verfügung. Bei zu geringer Flüssigkeitszufuhr trocknet der Hals oft aus. Sprechen wird anstrengend, wenn das Schmiermittel fehlt. Austrocknung führt zu Reibungsverlusten. Wasser trinken hilft also indirekt, da das Wasser bekanntlich in die Speiseröhre gelangt und nicht zu den Stimmbändern, die in der Luftröhre sitzen. Der Kehldeckel schützt und verschließt die jeweils nicht benötigte Röhre.

5. Der Kehlkopf – Tongebung

Am frühen Morgen sind die Stimmbänder stärker befeuchtet und praller gefüllt, morgens klingt die Stimme deshalb oft tiefer. Je länger Ihr Schultag dauert, umso mehr müssen Sie auf Ihren Flüssigkeitshaushalt achten. Gerade das erweist sich im Alltag manchmal als schwierig, ist aber ein Muss für PädagogInnen. Zwei Liter untertags. Daran führt kein Weg vorbei. Setzen Sie alle Hebel in Bewegung, damit Sie sich Ihr Trinken organisieren können.

Praxis

♥ Flasche, Thermoskanne ... in den Unterricht mitnehmen.
♥ Ihre SchülerInnen sollen Sie am Beginn und am Ende jeder Stunde an das Trinken erinnern.
♥ Starten Sie mit dem Wassertrinken gleich am frühen Morgen.
♥ Wenn Sie den Geschmack mögen, empfiehlt sich dünn aufgebrühter Fencheltee, er tut der Stimme besonders gut.

Manchmal höre ich aus dem LehrerInnenkreis den Einwand, so viel trinken sei nicht möglich, man könne nicht so oft die Toilette aufsuchen (Klassenaufsichtspflicht, Pause zu kurz ...). Versuchen Sie es trotzdem, überzeugen Sie KollegInnen, motivieren Sie die Direktorin, den Direktor. Wenn alle Wasser trinken, gibt es auch eine Lösung. Die Vorteile liegen auf der Hand: Allen Stimmen geht es besser, die Zahl der Krankenstände an Ihrer Schule wird sinken.

Unterrichtstipps

✳ **Informatik + Schulprojekt:** Unsere LehrerInnen trinken mehr – sind sie gesünder? → Statistik erstellen → Interviews machen → Forschen

5.2 Kopf- und Brustregister

Auf einer Fläche von ca. 4 cm² haben wir im Hals zwei völlig unterschiedliche „Betriebssysteme". Man könnte sagen, wir arbeiten im Kehlkopf mit Microsoft UND Apple. Der Musculus vocalis kann in einer bestimmten Stellung die Stimmbänder in die Länge ziehen, stark spannen. Dadurch werden sie gedehnt und dünner. Wenig Masse schwingt in hohen Frequenzen, wir erzeugen damit die hohen Töne unseres Klangspektrums – die Kopfstimme oder auch Kopfregister. (Alle Töne, die mit einer ähnlichen Klangfarbe gesungen werden, nennt man sängertechnisch ein „Register".)

Für tiefe Töne muss die Muskelspannung verändert werden: weniger Spannung, dafür kommt mehr Stimmbandmasse ins Spiel. Die Stimmbänder schwingen in niedrigen Frequenzen, wir erzeugen damit unsere tiefen Töne – die Bruststimme oder Brustregister. Dieser Wechsel der „Betriebsart" ist durch ein Umkippen des Tones und ein verändertes Klangspektrum deutlich zu hören.

5. Der Kehlkopf – Tongebung

Praxis

♥ **Glissando-Übung** (Schleiftöne): Singen, rufen oder jaulen Sie (das muss nicht schön sein) ein „U" von Ihrem höchstmöglichen Ton bis zu Ihrem tiefstmöglichen, eine durchgehende, gleitende Tongebung. Sie spüren eine Art „Umschalten" im Halsbereich. Als Mann hören Sie diesen Übergang auch sehr deutlich als Unterbrechung, als Kante oder Knick.

Gleiten Sie mit dem Uuuuu nach oben, werden ab einer bestimmten Höhe die Töne „dünner". Auch die Körperwahrnehmung verändert sich subjektiv. Sie nehmen die tiefen Töne mehr im Brustraum oder im Oberkörper wahr. Die hohen Töne gehen einher mit einer betonten Empfindung im Kopfbereich.

🔘 15: Glissando/Schleifton, weiblich und männlich

An dieser Übergangsstelle wechselt die Muskelspannung fühlbar und hörbar zur anderen. Für das Sprechen brauchen wir die sogenannte Voix mixte, die gemischte Stimme. Im Idealfall sind beide „Betriebsarten" zu je 50 Prozent an der Stimmgebung beteiligt. Stellen Sie sich ein Klavier vor. Jedes verfügt über hohe Tasten **und** tiefe Tasten. Das Klavier klingt gut, voll, ökonomisch, wenn wir mit **beiden** Händen darauf spielen.

Beim Singen verhält es sich anders. Die Muskelgruppen kommen zum Teil alleine, zum Teil in anderen Mischungsverhältnissen vor. Man unterscheidet hier insgesamt sechs Stimmgattungen. Von tief nach hoch:
- Strohbassregister: bei Männern, tiefer als die noch brauchbare Gesangslage
- Falsett: bei Männern, ein isolierter Kopfton ohne Körperanteil
- Pfeifregister: bei Frauen, ab dem d'''
- Mittelregister: Brust- und Kopfregister sind verbunden
- Kopfregister: höherer Schwingungsanteil der Stimmband-Randzonen
- Brustregister: Die ganzen Stimmbänder schwingen.

Im Verlauf unseres Lebens werden wir häufig auch beim Sprechen einseitig und belasten oft ein Muskelsystem mehr als das andere. Wenn man ständig zu tief spricht, fehlen die hellen, glänzenden Obertöne. Wenn man ständig zu hoch spricht, entsteht ein Mangel an tiefen, tragenden, raumfüllenden Bässen. In emotionalen Situationen findet man recht leicht heraus, welcher der persönliche „Liebling" ist. Wird Ihre Stimme schrill und kreischend oder bellend und brummig, wenn Sie sich ärgern? Entlastend ist in jedem Fall, wenn Sie beide Betriebsarten bestmöglich „in Schuss" halten. Sie brauchen beim Unterrichten beide.

Tiefe Töne haben andere Ausbreitungsqualitäten als hohe Töne. Den Basswürfel Ihrer Stereoanlage können Sie platzieren, wo Sie wollen, man hört ihn überall. Tiefe Töne kommen überall hin, die tiefen Anteile der Stimme sorgen für Ausbreitung bis in alle Ecken. Allerdings haben Sie keine Richtung. Unser Ohr kann nicht genau orten, woher die tiefen Töne kommen. Alle unsere Alarmsysteme benützen hohe

Frequenzen, weil unser Ohr die Richtung, aus der sie kommen, erkennen kann. Hohe Töne sind immer Solisten. Die hohen Anteile in unserer Stimme sorgen dafür, dass man uns als AbsenderIn eindeutig identifizieren kann.

Die beiden unterschiedlichen Betriebsarten/Muskelstellungen erklären auch, weshalb zu hoch sprechen auf Dauer schädigender und anstrengender ist. Der Muskel muss ständig eine viel höhere Spannung erzeugen. Er ermüdet bei dieser Art von Überlastung.

Praxis:

♥ **Schaukelübung:** Höhe nährt Tiefe, und Tiefe baut Höhe aus. Sie können beides gezielt trainieren, damit Ihre Stimme resonanzfähig wirkt und bleibt. Beginnen Sie die folgende Übung mit Ihrem persönlichen Lieblingsmuskel. Wir wechseln also zwischen Hoch und Tief fünfmal hin und her.
Die Tiefe: Imitieren Sie für einen Satz Lee Marvin, sprechen Sie bewusst übertrieben tief: „I was born under a wandering star" (sprechen, nicht singen). In derselben Tiefe sprechen Sie ganz gedehnt die Silben nooo, naaa, neee (Vokale lang ausdehnen, wie ein Singsang und ganz weich ohne Druck).

⏺ 16: Brustregister üben
nooo – naaa – neee
Der tiefe Hund
Bellen

Die Höhe: Stemmen Sie die Hände fest in die Taille stoßen Sie kurz auf „F" Luft aus, um das Zwerchfell zu spüren. Mit dieser federnden Muskelbewegung im Zwerchfell kläffen Sie zweimal ganz hoch wie ein kleiner Hund. Keine Angst, die Töne werden hoch und sehr laut, das ist erwünscht.

⏺ 17: Kopfregister, mit Zwerchfellhilfe
juhuu – uhuuu – Sirene
Der hohe Hund
Bellen

Nun wechseln Sie zwischen der Höhe und der Tiefe fünfmal hin und her. An einem Probesatz vor bzw. nach der Übung werden Sie bald hören, dass Ihre Stimme mit weniger Aufwand voller klingt.
Variationen, vor allem der Höhe, sind hohes Rufen (Juhuu) und Feuerwehrsirenen.

5. Der Kehlkopf – Tongebung

* **Sirene:** Setzen Sie das immer dann ein, wenn Sie sich schnell und außergewöhnlich Gehör verschaffen müssen: Turnsaal, Ordnungsruf, Pausenhof. Also immer dann, wenn es um kurzes und durchschlagendes Gehörtwerden geht.

> 18: Die falsche Variante bleibt im Hals stecken. *Bellen*

Unterrichtstipps

* Als „Alarmsirene" mit Zwerchfellaktivität übersteht man Popkonzerte, Fußballspiele und Ähnliches stimmlich unbeschadet.

* Beim **Sprechen** hört man die einseitige Verwendung der Muskelgruppen in unterschiedlichen Situationen.

Kopfstimme: Lassen Sie Ihre SchülerInnen zu viel Kopfanteil probieren. Sie sollen sympathieheischend, mit unnatürlichem Kinderton, zu hoch sprechen, wie zu einem Baby im Kinderwagen.

Sie können unnatürlich, übertrieben freundlich Serviceleistungen anbieten: Hätten Sie gerne noch einen Kaffee? Was darf es sonst noch sein? Was kann ich sonst noch für Sie tun?

Sie können Beispiele für zu hohen Stimmeinsatz im Alltag aufspüren und sammeln, z. B. auf Märkten, Messen, Werbeveranstaltungen. Diese werden dann im Unterricht genüsslich und zum Gaudium nachgemacht.

Bruststimme: Der zu tiefe Stimmeinsatz ist hörbar beim Sprechen mit Imponiergehabe, bei übertriebener Dramatik, beim falschen Brustton der Überzeugung.

Reflexion: Welche Gefühle entstehen bei unnatürlichem Stimmeinsatz? Wie glaubwürdig sind solche Botschaften für mich, wie sympathisch sind mir die Menschen, die so sprechen?

* Beim **Singen** kann man die unterschiedlichsten Mischungsverhältnisse wunderbar hören/erkennen:
  * Hören Sie mit der Klasse Songs von den Bee Gees (z. B. Stayin' Alive, Night Fever, How Deep Is Your Love) an. Die Künstler singen im höchstmöglichen männlichen Register, dem sogenannten Falsett.
  * Freddie Mercury, Bryan Adams, Michael Jackson und Paul McCartney benützen ebenfalls erfolgreich hohe Töne.
  * Aus dem klassischen Gesangsbereich wählen Sie Hörproben von Countertenören wie z. B. Jochen Kowalski.
  * Für die tiefen Lagen: Joe Cocker und Lee Marvin

- Bei der Popsängerin Shakira hört man den Registerwechsel sehr deutlich.
- Extrem rasch zwischen den Betriebssystemen gewechselt wird beim Jodeln.

5.3 Indifferenzlage

Indifferenzlage wird jene individuelle Sprechstimmlage genannt, in der es Ihnen möglich ist, mühelos, ausdauernd und bequem zu sprechen. Mit dem Auffinden und bewussten Gebrauch der Indifferenzlage erübrigt sich auf Dauer die Frage: „Wie hoch oder tief soll ich sprechen?" In der Indifferenzlage sind Sie grundsätzlich am meisten „Sie selbst". Das ist die breiteste Basis Ihrer persönlichen Stimmqualität, von der aus Sie am besten in alle Richtungen sprechen können: hoch, tief, laut, leise, schnell, langsam etc. Sie ist jene Höhe, die Ihrer persönlichen Anatomie am besten angepasst ist. Die Indifferenzlage bezeichne ich seit dem Beginn meiner Trainertätigkeit als **„stimmlichen Heimathafen"**. Und genau so ist das auch zu verstehen. Gemeint ist nicht eine statische, gleichförmige Tonhöhe, sondern eine Stimmlage, die man so oft wie möglich immer wieder während des Sprechens ansteuert.

Die Indifferenzlage ist selbstverständlich auch sprechtechnisch definiert und messbar: Sie liegt im unteren Drittel des persönlichen Stimmumfangs. Sie gilt als mittlerer Tonhöhenwert, um den Ihre Stimme während des Sprechvorganges **schwankt**. Wenn Sie davon gewohnheitsmäßig und dauerhaft abweichen, hat das eine höhere stimmliche Dauerbelastung zur Folge und wirkt sich stimmschädigend aus.

In vielen Stimm-Trainingsbücher finden Sie als Bezeichnung für die Indifferenzlage auch den Begriff „Eigenton". Damit ist auch einiges klar: Sie haben eben Ihren ganz persönlichen eigenen Ton, Ihren Basisklang.

Praxis

♥ **Indifferenzlage finden:** Brummen Sie mit leichtem Kopfnicken und mit bejahender Stimmung ein „Mhmmmmm". Etwa so, wie wir am Telefon zwischendurch Zustimmung signalisieren. Das Mmm nur etwa länger halten. Meist wird die Melodie am Ende des Mmm etwas in die Höhe gehen, wenn Sie das mehrmals hintereinander machen. Dann beginnen Sie aus dem Mmm heraus langsam und entspannt zu zählen: „mmmmmeins, mmmmzwei, mmmmmdrei …"

Wenn diese Töne ungefähr gleich hoch klingen, sind Sie in Ihrem Heimathafen. Wundern Sie sich nicht, wenn dieser Ihnen anfangs etwas tiefer vorkommt, als Sie im Unterricht üblicherweise sprechen.

Dann erweitern Sie die Übung und sprechen nach dem Mmm jeweils mehrere Wörter und schließlich ganze Sätze aus dem Mmm kommend.

Den wohligen Brummton auf Mmm sollen Sie zwischendurch etwa 50 Mal täglich produzieren (z. B. als Mini-Übung auf jede richtige Schülerantwort).

Für Sie als Professional Voice User eine Anmerkung und Empfehlung zur Indifferenzlage: Legen Sie die Überprüfung Ihres Eigentons in die Hände eines Stimm-Profis. Er kann mit seinem geschulten Ohr sehr schnell und sicher eine Bestätigung geben, die für Sie in Ihrem anspruchsvollen Job die Stimm**sicherheit erhöht, die Effizienz und die Ökonomie rasch steigert.**

5.4 Klang und Luft

Je mehr Klang ich erzeuge, umso länger reicht die Luft. Für eine dauerhafte Stimmleistung über viele Jahre sind das Wissen und die Erfahrung wichtig, dass die Tongebung und die Klangerzeugung vor allem im Kehlkopf von der Natur aus grundsätzlich auf Ökonomie eingerichtet sind. Viele von uns haben die Vorstellung, dass man für viel Lautstärke und großen Klang auch viel Luft und viel Kraft braucht. Das stimmt so nicht. Für Ihr Gehirn bedeuten die folgenden Informationen möglicherweise einen großen Umdenkprozess.

Praxis & Unterrichtstipps

♥ ✳ Setzen Sie sich aufrecht hin und beobachten Sie für einige Zeit Ihren Ruheatem. Ausnahmsweise atmen Sie bitte bei geöffnetem Mund ein und aus. Sie erinnern sich, etwa ein halber Liter Luft wird pro Atemzug ausgetauscht. Wie lange dauert es in Sekunden etwa, bis Sie diesen halben Liter ausgeatmet haben? Im Durchschnitt etwa zwei bis fünf Sekunden, dann folgt ein neues Einatmen. Diese Luft ist auf der Ebene des Kehlkopfs im Moment völlig ungebremst auf dem Weg nach außen. Die Stimmritze ist weit geöffnet. Halten Sie bitte einen Handrücken knapp (einen Zentimeter) vor Ihren Mund und nehmen Sie wahr, wie warm die ausströmende Luft ist und wie viel Luft entweicht.

Angenommen, wir bauen in den Ausatemstrom ein Hindernis ein, dann müsste es länger dauern, bis die Luft draußen ist. Als „Hindernis" in der Luftröhre dienen die Stimmbänder, erzeugen Sie bitte das Summen einer lästigen Fliege (ein stimmhaftes „S"). Das „S" dauert bestimmt länger als 5 Sekunden. Am Handrücken können Sie außerdem feststellen, dass die Temperatur kühler ist und/oder weniger Luft entweicht.

Nun verengen wir die Öffnung weiter: größeres Hindernis, mehr Stimmbandschwingung. Intonieren Sie bitte ein kräftiges „Opernsänger-O". Ein bisschen eitel, ein bisschen übertrieben soll es klingen. Breiten Sie dazu auch noch die Arme mit beschwörender Geste weit aus. Sie können mindestens gleich lang tönen wie das „S", im besten Fall sogar noch einige Sekunden länger. Auch hier können Sie wieder einen „Handrückenprobe" machen. Mit diesem Versuch lässt sich meistens sehr eindeutig erleben, dass wir die klangvollsten Töne mit ganz wenig Luft erzeugen können. Oder umgekehrt, je mehr Klang Sie erzeugen, umso länger reicht der Atemstrom.

5. Der Kehlkopf – Tongebung

> ● 19: Das Opernsänger-„O" mit federnden Knien und beschwörender Gestik
> *Ooooooo*

Die Stimmfunktionsebene am Kehlkopf ist tatsächlich so konstruiert, dass wir mit ganz wenig Atem die schönsten Töne produzieren. Notwendig dazu ist allerdings, dass die Stimmbänder durch Trainingsmaßnahmen gestärkt werden und somit ihre Schwingungsleistung effizienter bringen. Sie sollen klangdichte Töne erzeugen. Die gesamte ausströmende Luft soll in schwingende Luft umgewandelt werden. Wenn die Stimmbänder nicht exakt schließen, entweicht bei der Tongebung sogenannte „wilde Luft", die ungebremst ausströmt. Die Stimme klingt hauchig. Sprechen Sie den Satz: „I love you, Baby." Halb hauchend – halb klingend! Dabei merkt man ein eher trockenes Gefühl im Hals, verminderte Lautstärke und kurzen Atem.

> ● 20: Überlüftet sprechen
> *I love you baby.*
> 1, 2, 3, 4, 5, 6, 7.

Praxis

♥ Sie schonen Ihre Stimme im Unterricht keineswegs, wenn Sie Ihren Klang einschränken und zu hauchig, zu leise flüstern.

♥ Vertrauen in die ökonomische Schwingungsleistung schafft einmal täglich das „Opernsänger-O" in Ihrer eigenen bequemen Tonhöhe. Variieren Sie die Höhen vielfältig! Es wird von Tag zu Tag schöner, voller, runder und leichter klingen.

6. Die Lautbildung

6.1 Physiologie

Zu dieser Funktionsebene gehören: Lippen, Zähne, Zunge, Kiefer, Gaumensegel und die Hohlräume des Kopfes oberhalb und unterhalb der Stimmbänder: Mundhöhle und Rachen, Nasenhöhlen, Nasennebenhöhlen, Kieferhöhlen und Stirnhöhle. Die Tubengänge (Verbindung zum Ohr) sind nicht an der Lautbildung beteiligt. Durch koordinierte Bewegungen dieser Körperteile und -regionen werden die Schallwellen, die der Kehlkopf produziert hat, einer Formung, Verstärkung, Aufschaukelung unterzogen.

Der Vokaltrakt (Ansatzrohr)

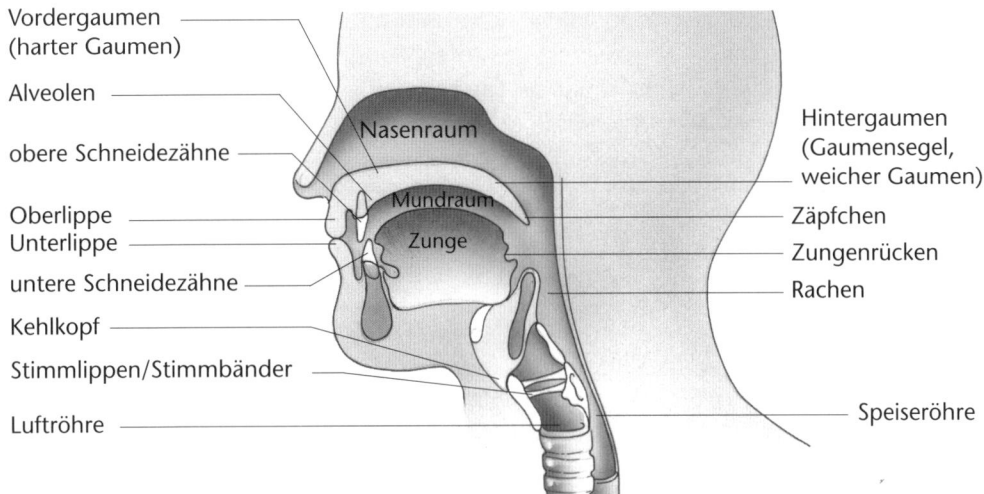

Praxis & Unterrichtstipps

♥ ✳ **Formen der Schallwelle** können Sie leicht hörbar machen, und zwar sehr anschaulich zunächst außerhalb des Körpers.

Indianergeheul erschallen lassen mit der Hand vor dem Mund. Weil die Schallwelle in periodischen Abständen unterbrochen wird, „heult" der Ton.

Papierrolle: Wenn Sie aus Papier eine Rolle formen und durchsprechen, verändert sich die Klangqualität. Instinktiv formen wir Schallwellen, wenn wir über eine große Entfernung jemanden rufen. Wir bilden mit den Händen ein **Megafon** vor dem Mund, um die Schallwellen zu bündeln.

Genau das machen die Lautbildungsorgane **innerhalb** des Körpers. Beim Resonanzerzeugen überträgt ein tönender Körper seine Schwingung auf einen anderen schwingungsfähigen Körper. Der ursprüngliche Klang verstärkt sich, der Stimmklang wird mit zusätzlichen Frequenzen, Obertönen angereichert. Unsere Stimmen klingen voller, lauter, runder, satter usw.

6. Die Lautbildung

Der dafür in Hals und Kopf zur Verfügung stehende Raum ist relativ klein, die Strecke zwischen Stimmritze und Lippen relativ kurz. Das bedeutet, es kommt auf dieser Ebene sozusagen auf jeden Millimeter und auf jeden Kubikzentimeter an, damit das „Megafon **im** Mund" optimal gebildet werden kann. Der sog. Vokaltrakt misst etwa 17 Zentimeter Länge.

Wir verfügen außerdem noch über die Möglichkeit, die Brustresonanz zu aktivieren: Brusträume, Lendenwirbelsäule mit den Zwerchfellschenkeln, Knochen zur Schallverstärkung mobilisieren (siehe Kapitel 4).

Den Kehlkopfraum oberhalb der Stimmbänder und den Lautbildungstrakt nennt man Resonator. Die oszillierende Luftsäule wird hier in Vokale und Konsonanten unterteilt. Für die Vokale müssen die Räume möglichst großzügig gestaltet werden. Für die Konsonanten bilden wir sogenannte Hemmschwellen.

Eine exakte, lockere und flexible Artikulation ermöglicht es, Laute präzise und gleichzeitig klangvoll zu bilden. Ökonomische Artikulation bedeutet, die Lautbildungsorgane so einzusetzen, dass man wenig Aufwand treibt, aber dabei bestmöglichen Klang, höchstmögliche Deutlichkeit und optimale Verständlichkeit erreicht. Keineswegs bedeutet deutlich zu sprechen, übernatürliche Gesichtsbewegungen zu fabrizieren und dabei auszusehen wie ein phonetisches Eichkätzchen. Eine übertriebene, affektierte Lautbildung führt oft dazu, dass Kinder und Erwachsene dieses falsche Schönsprechen grundsätzlich verweigern. Und recht haben sie damit!

Gut sprechen bedeutet gerade auf dieser Funktionsebene, **Präzision** zu erlernen, damit die Wege zwischen den einzelnen Lauten so kurz wie möglich gehalten werden, damit die Bereitstellung der Klangräume flexibel und geschmeidig geht. Für jeden Laut der deutschen Sprache gibt es eine optimale Form, ein optimales „Megafon". Davon lernen wir in den meisten Schulen jedoch nichts. Viele Dialekte bilden Vokale und Konsonanten nicht effizient genug und oft mit erhöhtem artikulatorischem Aufwand (Marathonlaufen mit Bergschuhen). Mehrere Ebenen werden wir im Zusammenhang mit dem Artikulieren behandeln, aber der Reihe nach.

6.2 Training der Sprechwerkzeuge

Der Artikulationsapparat hängt unmittelbar und ursächlich mit der Atmung zusammen. Jede Über- oder Unterspannung in einem der Systeme beeinflusst das andere. Zu lautes Sprechen mit zu viel Druck macht die Atmung oberflächlich und angestrengt. Schlampige Artikulation und hastiges Sprechen mit schlaffem Muskeltonus machen die Atmung flach und zu wenig vitalisierend. Man hat nicht genügend Kraft, weder zum lustvollen Atmen noch zum lustvollen Sprechen.

Praxis & Unterrichtstipps

Die Übungen der Artikulationszone müssen zunächst alle dafür notwendigen Organe und Regionen flexibel und geschmeidig machen. Grundvoraussetzungen für einen ökonomischen Gebrauch des Sprechapparates sind:

6. Die Lautbildung

♥ ✷ **Zahnreihen:** Beim Aussprechen von Vokalen müssen die Zahnreihen mindestens 1,5 cm geöffnet sein. Sonst ist der Raum zum Klingen einfach zu klein.
Nehmen Sie Ihren kleinen Finger, stecken Sie ihn ganz gerade etwa 2 mm tief zwischen Ihre Zähne. Achten Sie darauf, dass die Lippen den Finger nicht berühren. Die Zunge liegt locker im Zungengrund und berührt knapp die unteren Schneidezähne. In dieser Stellung lassen sich die Vokale aaa – eee – iii sprechen. Dabei arbeitet nur die Zunge, alle anderen „tun fast nix". Bemerkenswert ist, dass man vor allem die Mundwinkel nicht nach außen verziehen muss! Machen Sie dieselbe Übung auch ohne Finger, kontrollieren Sie den Zahnabstand im Spiegel.

♥ ✷ Das **Kiefergelenk** muss sich leicht und federnd öffnen lassen, wir brauchen vor allem einen beweglichen Unterkiefer.
Ploppen: Verwenden Sie „Plopp" oder „Plapp". Füllen Sie Ihre Wangen ganz voll mit Luft (Hamsterbacken), bevor Sie den letzten Buchstaben aussprechen. Wenn die „Ps" platzen, entweicht die Luft und der Kiefer fällt locker nach unten.
Plopp Plopp Plopp – 20 Plopps täglich mit Fallenlassen des Kiefers.

♥ ✷ **Zungenbeweglichkeit**: Unsere Zunge soll sich im Mund leicht, geschmeidig und beweglich anfühlen.

Zungenschnalzen bei geöffnetem Mund: Was sich nach wie vor bewährt, kennen Sie aus Kindertagen.

Zungenflattern: Zunge rasch vor- und zurückbewegen. Dabei so weit wie möglich aus dem Mund strecken und tönen in allen möglichen Höhen.

Zungenyoga: Eine hochwirksame Spezialübung für deutliches Artikulieren. Täglich einen Satz übertrieben deutlich sechs Mal sprechen. Die Zungenspitze hat bei jedem Durchgang eine andere Position. Sie liegt
- am hintersten Backenzahn oben rechts,
- am hintersten Backenzahn oben links,
- knapp hinter den oberen Schneidezähnen,
- am hintersten Backenzahn unten rechts,
- am hintersten Backenzahn unten links und
- „hängt" über die Unterlippe raus.

Zungenkreisen: Kreisen Sie mit Ihrer Zunge zwischen Lippen und Zähnen in beiden Richtungen. Ertasten Sie mit Ihrer Zunge aufmerksam auch Ihre Mundhöhle. Wie fühlt sich alles an?

6. Die Lautbildung

♥ ✷ **Zungengrundstellung:** Die Zungengrundstellung in Ruhe ist ausnahmslos zentral im Mund **hinter** den oberen Schneidezähnen, am Alveolarrand. Die Zungenspitze hat keinerlei Zahnberührung, sie liegt an dem kleinen Wulst **dahinter**. Genau hier bilden wir d, t, n, l. Sie erweisen sich und Ihren SchülerInnen einen großen Dienst, wenn Sie der anatomisch korrekten Zungengrundstellung Aufmerksamkeit schenken. Eine Fehlhaltung beeinträchtigt oft das Artikulationsvermögen. Die Zungenruhelage ist eine Voraussetzung für korrektes Schlucken, hat eine regulierende Wirkung auf den Atem, der Lymphtransport profitiert davon. Interessanterweise ist das auch jener Punkt, in dem sich der Energiekreislauf des Kopfes mit jenem des Körpers trifft und verbindet.

♥ ✷ **Gefühl für Alveolarrand stärken:** Das kann in jedem Fach zu Beginn einer Stunde für einige Sekunden geübt werden und später auch im Alltag. Das Bild, das Kollegin Eva Loschky dafür geprägt hat, eignet sich nicht nur, aber besonders für die Grundschule: das Festhalten einer Haferflocke oder eines Sonnenblumenkernes an genau dieser Stelle für eine Minute. Wundern Sie sich nicht, wenn manche Kinder anfangs oft nicht einmal eine Idee und schon gar keine Wahrnehmung für ihre Zungenspitze haben. Sie können manchmal gar nicht schildern, ob sie die Zähne berühren oder nicht. Nehmen Sie echte Haferflocken mit. Und zögern Sie nicht: Das ist eine gute Gelegenheit, sich mit der Sprachheillehrerin Ihrer Schule für eine Unterrichtssequenz zusammenzutun.

♥ ✷ Die **Lippen** müssen weich und locker sein. Sie sollen sich ganz weit nach vorne stülpen lassen, wie zu einem intensiven Kussmündchen und einem „U". Der knapp hinter den Lippen sitzende ringförmige Mundmuskel soll deutlich wahrnehmbar und bewusst steuerbar sein. Beim Kussmäulchen tasten Sie mit dem Finger die Lippen entlang, die sich **weich** anfühlen sollen. Knapp dahinter ist der angespannte Muskel zu spüren.

Motorrad: Ahmen Sie das Geräusch einer Harley-Davidson nach. Ein elegantes, sanftes „Brrrrrrrrrrrr". Ober- und Unterlippe müssen gemeinsam flattern. Wenn das nicht auf Anhieb gelingt, legen Sie Ihre Zeigefinger mit leichtem Druck in die äußeren Mundwinkel. Wechseln Sie ab zwischen Vollgas und Standgas. Steuern Sie also auch den Luftdruck bei dieser Übung und tönen Sie dabei. 15 Sekunden täglich als Training, um der Stimme das Ausgangstor stets offen halten zu können.

Kussmündchen/Küsschen schicken: Weitere fünfzehn Sekunden Küsschen schmatzend verschicken. Dazwischen zur Auflockerung ein übertriebenes Grinsen einbauen.

Bienenkorb: Bei dieser klassischen Resonanzübung die Lippen leicht aufeinanderlegen. Solange der Atemstrom reicht, ein genüssliches Mmmmmmmmmmmmmm summen, die Lippen nicht zusammenpressen. Wählen Sie eher tiefere Töne. Die Lippen beginnen zu vibrieren. Sie nehmen vielleicht anfangs nur ein leichtes Kitzeln wahr. Wenn Sie geübt sind, wird je nach Tagesverfassung manchmal Ihr gesamter Kopf vibrieren. Das ist erwünscht. Mehrmals täglich üben, sodass Sie ein konstantes Gefühl für die Vibrationen entwickeln können.

Golfball im Mund (Variation): Stellen Sie sich in Ihrem Mund ein golfballgroßes Luftei vor, während Sie summen. Die Mundhöhle wird groß, der Ton runder, voller und tiefer. Mit dieser Mundstellung können Sie untertags auch Lieder summen oder Ihre Lieblingssongs im Radio mitsummen.

Das „M" ist grundsätzlich der entspannendste Laut, den wir haben. Jedes Summen entspannt den Kehlkopf. Nach einiger Zeit der Anwendung werden Sie vermutlich auch gut spüren, wie sich bei einem genüsslichen „Mmmm" die Bauchdecke leicht anspannt. Auch hier wieder klar erfahrbar: der Zusammenhang zwischen Atmung und Artikulation.

♥ ✳ **Hals:** Die Halsmuskulatur ist im Idealzustand ebenfalls grundsätzlich entspannt und erlaubt Kehlkopfbeweglichkeit. Das ist in unserer heutigen Zeit, in der viele von uns ständig Hals- und Schulterverspannungen haben, eine große Herausforderung.
Nehmen Sie Schulterverspannungen bitte nicht auf die leichte Schulter. Jede Verspannung dieser Muskulatur setzt sich im Hals- und Kopfbereich fort. Das beeinträchtigt z. B. die Kehlkopfspannung, wird im Stimmklang hörbar und verändert die stimmliche Leistungsfähigkeit bzw. schränkt sie ein.

♥ ✳ **Kopf:** Halten Sie den Kopf gerade, überprüfen Sie Ihre Kopfhaltung vor dem Spiegel, denn viele Menschen denken nur, dass sie ihren Kopf gerade tragen. Die Kehlkopfbeweglichkeit ist bei gerader Kopfhaltung am besten. Vor allem ein zu hoch getragenes Kinn überdehnt/spannt die vordere Halspartie.
Zählen Sie in mittlerer Lautstärke von 1 bis 30. Beginnen Sie mit geradem Kopf. Heben Sie während des Zählens das Kinn und finden Sie heraus, wann sich durch die Überstreckung des Halses der Ton verändert. Machen Sie dasselbe mit Absenken des Kinns bis zur Brust. Dritte Runde: Neigen Sie den Kopf nach links und rechts. Sie werden hören, wieso es nicht empfehlenswert ist, einen Telefonhörer zwischen Schulter und Ohr einzuklemmen und so zu sprechen.

Das Ziel der artikulatorischen Arbeit ist es, den sogenannten **Vordersitz** der Stimme zu entwickeln, zu fördern, zu festigen. Zurückgezogene Zunge und eher geschlossener Kiefer sorgen für gepressten, kehligen, engen und damit auch

6. Die Lautbildung

meist zu leisen Klang. Er ist im Hinblick auf die ZuhörerInnen kommunikativ kontraproduktiv. Das Gefühl entsteht, die Stimme klinge nach innen, von den HörerInnen weg. Nur der Vordersitz ermöglicht, stimmschonend und deutlich zu sprechen. Nur die vorne sitzende Artikulation belebt und beeinflusst die Atmung. Dieses Wechselspiel von Artikulation und Atmung wiederum sorgt für den exakten Stimmbandschluss.

Unterrichtstipps

✳ **Deutlich sprechen – wie und warum?** Ihre SchülerInnen können dadurch u. a. besser verstehen, warum so viele Erwachsene zu ihnen sagen: „Rede deutlich, mach den Mund auf."
Entwerfen Sie einen Probesatz („Herzlich willkommen, meine Damen und Herren!"). Er wird immer vor und nach einer Übung gesprochen, damit die Veränderungen deutlich hörbar sind.
Erklären Sie das physikalische Formen der Schallwellen mit Indianergeheul, Gießkannenaufsatz, Papiertrichter, Megafon.
Lassen Sie ein lang dauerndes „ooooooo" phonieren. Dabei wird die Zunge im Mund langsam nach ganz hinten eingezogen und dann auch wieder nach vorne geschoben. Die Klangveränderung macht bewusst, dass die Räume innen möglichst ohne Hindernisse (Knödelzunge) sein sollen, damit es gut klingt.
Teilen Sie die Klasse in zwei Gruppen. Die Hälfte darf die Augen schließen und bekommt die Zahlen von 1 bis 10 zweimal zu hören. Die Gruppe mit den offenen Augen zählt einmal gemeinsam auf Ihr Handzeichen bis 10. Beim zweiten Durchgang bilden diese SchülerInnen mit den Händen vor dem Mund große, nach vorne offene Trichter. Die Sofortwirkung optimaler Schallwellenformung ist eine deutlich erhöhte Lautstärke. Anschließend Gruppentausch.
Dann Zusatzinfo: Lautbildung geschieht durch Sprechwerkzeuge innerhalb des Körpers. Der Trichter muss auch hier nach vorne offen sein. Was heißt das für den Mund?

- Lassen Sie die SchülerInnen den Probesatz „ohne Zähne" sprechen, Lippen gespannt und nach innen gestülpt. Die Deutlichkeit und Verständlichkeit sind extrem eingeschränkt.
- Lassen Sie die Klasse gemeinsam das Wort „Abend" sagen und beim Aussprechen des „A" wird einmal ein übertriebenes Grinsen geformt. Beim zweiten Mal den Kiefer locker lassen, möglichst weit nach unten geöffnet. Der Klang verändert sich stark. Bei der Breitspannung ist meist auch spürbar: Wenn ich den Klang durch den Mund nicht hinauslasse, sucht er sich einen Ausweg über die Nase. Der Klang wird zu nasal.
- Wenn Ihre Klasse aufgeschlossen ist, können Sie selbstverständlich auch viele der Lockerungs- und Geschmeidigkeitsübungen durchführen.

6. Die Lautbildung

- Sprechen mit vollem Mund: Eine extrem lustvolle, spaßige und wirkungsvolle Übung, weil Sie den gängigen „guten Manieren" ein Schnippchen schlägt. Welches Kind tut das nicht gerne? Der weise griechische Redner Demosthenes steckte sich Kieselsteine in den Mund, um damit seine Artikulationsorgane zu trainieren. Emil Froeschels legendäre Kauphonation (mjam, mjöm, mjum …) beruht auf dem von ihm erforschten engen Zusammenhang zwischen gutem Kauen und präzisem Artikulieren. Servietten bereitlegen. Vom Pausenbrot oder vom -apfel ein Stückchen abbeißen. Dann kauen und versuchen, mit dem Bissen im Mund extrem deutlich zu sprechen. Die Grundregel lautet: Mein/e PartnerIn, meine HörerInnen müssen *jedes Wort, jeden Buchstaben* verstehen. Wenn nicht, gibt es einen Minuspunkt oder einen Cent in die Klassenkassa oder Ähnliches. Sie können Text vorgeben oder einfach Small Talk erlauben, wichtig ist die deutliche Aussprache. Die Sprechwerkzeuge sind gefordert, die Koordination wird geschult, man muss genau ausprobieren und üben, wie groß der Bissen sein darf, dass man mit vollen Backentaschen noch präzise sprechen kann. Gelächter ist garantiert. – Bei uns zu Hause habe ich seit Jahren mit meiner Tochter eine Mahlzeit in der Woche als Schlechte-Manieren-Mahlzeit deklariert. Wir sprechen dann während des Essens, beim Kauen, „mit vollem Mund". Mittlerweile machen das gerne auch eingeladene erwachsene Gäste mit, zumindest für ein paar Sätze. Auch als Teenager kann sich mein Kind noch dafür begeistern.

Reflexion: Was geschieht, wenn wir präzise sprechen? Wir sind lauter, erreichen damit Menschen über größere Entfernung ohne zusätzliche körperliche Anstrengung. Wir kommen besser an. Spreche ich möglicherweise absichtlich undeutlich, weil ich gar nicht gehört werden will (Pubertät)?

Besonderes Augenmerk gehört Kindern mit Kiefer- oder/und Zahnfehlstellungen und mit Zahnregulierungen. Beides führt zu veränderten Spannungsverhältnissen in der Artikulationsmuskulatur. Auch modernste festsitzende Zahnspangen sind eine Irritation im Mundbereich. Natürlicherweise legen sich Kinder, um Schmerzen oder zu viel Anstrengung zu vermeiden, eine „Schonhaltung" zu. Manche Artikulationsmuskeln erschlaffen oder ihre Tätigkeit ist reduziert. Hinzu kommt oft der Versuch, die Zahnspange mit großer Lippenspannung zu verdecken. Wohlgemeinte Hinweise – „Kind, mach den Mund auf" – sind in dieser Zeit hoch kontraproduktiv und verstärken die Verlegenheit. Die Freude am Sprechen ist massiv eingeschränkt. Nach der Abnahme der Zahnregulierung nehmen meist die verkümmerten Muskeln ihre Arbeit **nicht** wieder von alleine auf.

Im ersten Monat nach der Spange empfehlen Sie bitte den Eltern **den Besuch einer Logopädin, um notwendige Korrekturen sofort einzuleiten.** Zahnfehlstellungen bitte am Elternsprechtag erwähnen.

6. Die Lautbildung

Sollten Sie selbst eine Zahnregulierung getragen haben, ist die Funktionsüberprüfung Ihrer Mundmuskulatur bei einer Logopädin, einem Logopäden ebenfalls eine gute Idee. Oft sehe ich Erwachsenen auf den ersten Blick ihre ehemalige Zahnspange an. Die Oberlippe macht nur einen Teil der Arbeit, Zunge und Mundboden sind zu schlapp, haben zu wenig Tonus. Dieser ist denn auch bei „mundfaulen" Kindern oft der Grund für undeutliches Sprechen.

6.3 Basics

Die Artikulation soll in enger Bindung an das Zwerchfell geschehen und nicht nur im Mund. Das Zwerchfell kann man als eine Art Impulsgeber verstehen. Im Mund besteht die Herausforderung darin, für die Vokale viel Raum bereit zu machen, alle Höhlen zur Verfügung zu stellen. Für die Konsonanten sind präzise Hemmschwellen zu bilden, die die Hohlraumgestaltung nicht behindern. Eine gescheite Art, Konsonanten zu bilden, unterstützt die Vokalbildung. In unserer Sprache brauchen wir beides. Hier kommt der kommunikative Aspekt einer Sprache zum Tragen.

Vokale

Vokale tragen die Emotion und sind für den Gefühlsaspekt einer Aussage zuständig. Konsonanten sind die Informationsträger. Das eine kommt nicht ohne das andere aus.

Unterrichtstipps

✴ Wir nehmen aus einer Botschaft/einem Probesatz ein Element weg.
Der Probesatz, der vorläufig verschwiegen wird, lautet: „Warum erzähle ich Ihnen das?"
Sprechen Sie zunächst einmal nur die Vokale aus. Versuchen Sie dabei die normale Betonung beizubehalten.

🔘 21:
au eäe i ie a

Einmal wiederholen. Frage an die Klasse, wer irgendetwas verstanden hat. Erfahrungsgemäß ist die Trefferquote gleich null. Aber meist wird angegeben, dass es nicht schlecht klinge, eine angenehme Botschaft sei.
Beim nächsten Mal sprechen Sie nur die Konsonanten aus.

🔘 22:
Wrm rzl ch nn ds?

6. Die Lautbildung

Einmal wiederholen. Verständnis abfragen. Das hat zumeist die Hälfte der ZuhörerInnen inhaltlich richtig erfasst. Damit wird klar, dass eine Botschaft ohne klar artikulierte Konsonanten keine Information preisgibt.

Aus dieser Tatsache lassen sich auch regionale Sprachfärbungen bzw. -einschätzungen erklären. Das österreichische Deutsch bevorzugt die Vokale und spricht die Konsonanten eher zu schwach aus. Vom Rest der deutschsprachigen Welt wird das als charmant, freundlich, herzlich …, aber halt auch wenig verbindlich empfunden. SprecherInnen in Deutschland halten in in vielen Regionen die Vokale eher knapp, dafür wird intensiver artikuliert. Der Eindruck entsteht, dass so gesprochene Botschaften irgendwie wichtiger, bedeutsamer, sachlicher sind, aber auch weniger emotional.

Praxis & Unterrichtstipps

Mundraum mit Vokalviereck, Zungenstellung   Vokalviereck (vereinfachtes Schema der Zungenstellung)

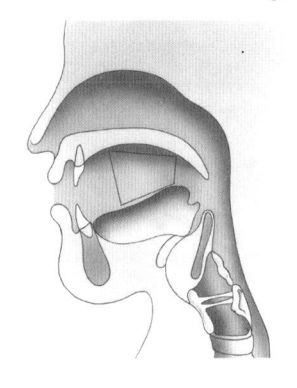

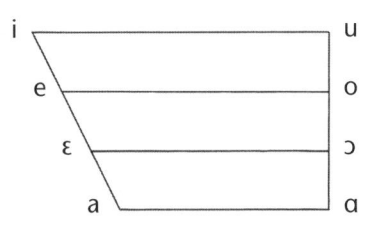

♥ ✳ Alle Vokale lassen wir im Mundraum um den sogenannten Schwa-Laut [ə] herum „tanzen". Das ist jener Laut, der bei leicht geöffnetem Kiefer und lockerer Zunge am Zungengrund aus dem Mund herauskommt, entfernt verwandt mit „ä". Vergleichbar dem Leerlauf beim Autofahren zwischen den Gängen.

◉ 23: Der Schwa-Laut
wir – der – Spur – Chor

♥ ✳ Nehmen Sie einen großen Gummiring, spannen Sie ihn leicht mit den Zeigefingern, sprechen Sie nun die Vokalreihe, kehren Sie jedes Mal nach dem Vokal in den Schwa-Laut zurück (Kiefer klappt nach unten). Beim Sprechen spannen Sie den Gummiring leicht, und mit einer federnden Bewegung lösen Sie die Spannung am Ende jedes Vokals. Gleichzeitig wird der Kiefer wieder ganz locker und Sie spüren eine synchrone Bewegung im Zwerchfell, in der Bauchmitte. Vielleicht schmuggelt sich anfangs noch ein Laut wie „j" ein, das ist in Ordnung.

6. Die Lautbildung

● 24: Der Schwa-Laut zum Abspannen
U, O, I, E, A

Quantität + Qualität	Artikulationsstelle (Zungenhebung)			
	vorne	vorne	zentral	hinten
kurz + offen lang + geschlossen	ɪ Mitte i: Miete	y Füller y: Fühler		ʊ Luke u: Luchs
kurz + offen lang + geschlossen lang + offen	ɛ Bett e: beten ɛ: säen	œ Hölle ø Höhle		ɔ Zopf o: Zofe
reduziert (unbetont)			ə ehe ɐ er, wer	
kurz lang			a Stadt a: Staat	
	ungerundet	gerundet	ungerundet	gerundet
	Lippenspannung			

Konsonanten – Hemmschwellenbildung

Konsonanten sind kommunikativ betrachtet jene Laute, mit denen wir Kontakt zu den ZuhörerInnen aufbauen. Wenn wir jemanden wirklich erreichen wollen, konsonantieren wir intensiv. Vor allem in emotionalen Situationen ist das gut zu hören. Niemand schimpft im Auto: Troooooooootel, es hört sich eher an wie: Trottl. Dummkopf hört sich eher an wie: **Dummk**opf. Selbst bei ganz kleinen Kindern kann man das schon beobachten. Sie sagen: **Pp**app**a** und **Mm**amm**a** und betonen dabei instinktiv die Konsonanten.

Die kontaktfördernde Konsonantierung wird selbst im Dialekt deutlich. „**S**o a **D**od**dl** mit da **R**od**l** auf da **P**i**st**en", sang der österreichische Liedermacher Georg Danzer.

Am intensiven Konsonantieren als Unterstützung für gut klingende Vokale kommt keine sprechtechnische Übungsmethode vorbei. Ich verweise hierzu auf die zahlreichen ausgezeichneten Übungsbücher zu diesem Thema (vor allem (Coblenzer 2006, Schürmann 2007, Schmidt-Tatzreiter/Schmid 2004, Korcak 2007).

Einige Erst-Übungen möchte ich an dieser Stelle gerne erwähnen. Sie fördern das Erleben der körperlichen Zusammenhänge zwischen Atmung, Kehlkopf, Artikulation und Resonanzen. Sie trainieren ein elastisches Wechselspiel zwischen den einzelnen Funktionsebenen. Das entlastet Ihren Stimmapparat und sorgt für ein deutliches, verständliches Sprechen.

Mit den Lautbildungsorganen können wir an mehreren Stellen im Mund sogenannte Hemmschwellen bilden. Sie unterbrechen ganz kurz den Luftstrom.

6. Die Lautbildung

Wenn die Hemmschwelle aufgelöst wird, also beim Sprechen der Konsonanten, entweicht diese gestaute Luft wieder – zischend, ploppend, klingend, reibend, strömend, je nachdem, welcher Konsonant gebildet wird. Für die Hemmschwellenbildung findet sich auch die Bezeichnung Ventilbildung. Wir bauen kurzfristig eine sehr präzise Ventilspannung auf, die für das Entweichen der gestauten Luft exakt gelöst wird.

Praxis & Unterrichtstipps

Artikulationsart	Artikulationsstelle					
	Lippen	Zähne	Zahndamm	Gaumen		Kehle
				harter	weicher	
	labial	dental	alveolar	palatal	velar	laryngal
Sprenglaut plosiv hart weich	p Oper b Ober		t Liter d Lieder		k Ecke g Egge	
Reibelaut frikativ hart weich	f Feld v Welt	s reisen z reißen	ʃ Tasche ʒ Rage	ç Bücher j Jahr	x Buch ʁ Rose	h Hand
nasal isoliert	m Mann	n Nase l Liebe			ŋ Rang	

♥ ✻ **Lippen:** Ganz vorne bei den Lippen bilden wir P, B und M.

Achtung 1: Die Lippen werden **nicht** eingerollt für diese Laute! Das ist der häufigste Fehler, der mit dem Erwerb der Lesefähigkeit einhergeht und später kaum mehr korrigiert wird, wenn Menschen dann deutlich zu artikulieren versuchen. – Ich appelliere an Sie, die korrekte Bildung der Labiallaute bei sich selbst zu überprüfen, Ihr Vorbild überträgt sich. Und bitte korrigieren Sie bei Ihren Schülerinnen das Zusammenpressen der Lippen im Ansatz.
Die Bildung erfolgt, indem die Lippen **locker** aufeinanderliegen. Idealerweise treffen bei Ober- und Unterlippe die Linien aufeinander, an der die Lippe in die Mundschleimhaut übergeht. Genau dort wird der leichte Druck aufgebaut, die Luft gestaut und für M leicht vibrierend über die Nase phoniert (der Klang verlässt den Körper über die Nase!). Für B und P entweicht die Luft nach dem schnellen Öffnen des Lippenventils explosiv nach außen (Plosivlaute).
Der Klangunterschied wird sehr deutlich, wenn man im Vergleich versucht, die Laute korrekt zu bilden und dann absichtlich mit eingerollten, zusammengepressten Lippen. Wenn die Lippen überspannt, eingerollt sind, ist auch der Kehlkopf angespannt, was bei der korrekten Lautbildung nicht geschieht.

Achtung 2: B darf nicht über ein vorgeschobenes M unpräzis gebildet werden. Boot und nicht mBoot.

6. Die Lautbildung

♥ ✳ **Zunge:** Die Zungenspitze drückt knapp **hinter** den Zähnen an den oberen Gaumen. An genau dieser Stelle und ohne Zahnberührung (!) bilden wir T, D, N und L (siehe auch Ruhestellung der Zunge).

Achtung 1: Häufig werden diese Konsonanten mit Zahnreihenberührung gebildet, was sie zischend, plump und gepresst klingen lässt.

Achtung 2: Vor allem D soll „solo", das heißt ohne N davor, gebildet werden. Dach – nicht: nDach.

🔴 25: Wenn die Zunge die Zähne berührt, zischt das T:
Theodor, Türe, Tag

Wenn die Zunge korrekt platziert ist, klingt das T so:
Theodor, Türe, Tag

♥ ✳ **Gaumensegel und Rachen:** Hier entstehen G, K und J und NG.

Achtung: Bei G kein NG aus Bequemlichkeit phonieren. Garten, nicht: NGarten

♥ ✳ **Zähne** auf der Unterlippe lassen: W, F und PF entstehen.

Achtung 1: W-Bildung erfolgt mit den oberen Schneidezähnen an der Unterlippe/Lippenschleimhaut. Es kommt zu einer starken Vibration, wenn man es alleine phoniert: wwwwww. Kein italienisches „uua" bilden: Wand, nicht Uand.

Achtung 2: F und PF sind klar voneinander zu unterscheiden. In vielen deutschen Gebieten wird zu wenig artikuliert. PFlaume, nicht FFFlaume.

♥ ✳ Für die **Reibe- und Strömungslaute** J, S, CH und SCH bilden wir keine unmittelbaren Ventile, sondern Verengungen in der Mundhöhle, die beim korrekten Artikulieren schwingen und vibrieren.

S gibt es im Deutschen stimmlos und stimmhaft.

CH als Ich- oder Ach-Laut.

♥ ✳ H als **Hauchlaut** entsteht durch einen leicht verstärkten Ausatemschub.

♥ ✳ Für das R gibt es im Deutschen das **Zungenspitzen-R** und das **Gaumenzäpfchen-R**. Grundsätzlich sind beide Rs heute gleichberechtigt, aber nicht gleichwertig. Vom Blickpunkt der Artikulation ist das „hintere R" (Gaumenzäpfchen) stimmbelastender als das „rollende R". Bevor das rollende R aber manieriert und übertrieben wird, bevorzuge ich ein klares hinteres R.

6. Die Lautbildung

Bitte nehmen Sie diese Beschreibungen als das, was sie sein sollen, nämlich als Mini-Übersicht der deutschen Lautbildung. Zu diesem Thema ergreifen in vielen praktischen Übungsbüchern zahlreiche renommierte AutorInnen ausführlich das Wort. Ich möchte Ihnen lediglich die Türe zu jenem Kapitel aufstoßen und bewusst machen, wie vielfältig die Lautlehre des Deutschen ist und welch spannenden Einstieg in die Kommunikation hier schon gleichsam auf „Buchstabenebene" möglich wird.

Nachdem hoffentlich bald der Aussprache-Duden Ihre Bibliothek bereichert, finden Sie ausreichende Informationen zum Thema allein schon in den Seiten der Einführungskapitel.

Praxis & Unterrichtstipps

♥ ✶ **Hemmschwellenbildung:** Artikulationsschulung im pädagogischen Bereich kann prima beginnen mit dem Üben und Automatisieren präziser Hemmschwellenbildung.

Man nimmt sich jeweils eine Artikulationszone vor, spricht jeweils einen Konsonanten und danach die bekannte Vokalreihe „a e i o u". So lässt sich hervorragend mit einer ganzen Klasse gemeinsam rhythmisch üben.

ta te ti to tu
da de di do du
na ne ni no nu
la le li lo lu
ja je ji jo ju

🔘 26: Konsonanten im Anlaut
ta te ti to tu
da de di do du
na ne ni no nu

Dazu empfiehlt sich noch eine begleitende Handbewegung. Tun Sie so, als schnipsen Sie mit dem Zeigefinger von Ihrem Daumen ein Staubkorn weg, und zwar im selben Moment, in dem Sie den Konsonanten aussprechen. Die Zunge muss bei jedem Konsonanten die gleiche Stelle präzise treffen.

♥ ✶ **Endkonsonanten:** Anschließend werden die Konsonanten am Ende der Silbe gesprochen. Nachdem im Deutschen alle Endkonsonanten **hart** ausgesprochen werden, üben Sie anfangs auch nur diese (Zug = [zu:k]).

at et it ot ut
ap ep ip op up
an en in on un
al el il ol ul

6. Die Lautbildung

Die begleitende Fingerbewegung dazu ist, die **beiden** Laute auf einer imaginären Tastatur im „Zweifingersystem" zu schreiben. Das sichert das Aussprechen beider Laute.

Bei diesem Durchgang ist vor allem darauf zu achten, dass nach dem Konsonanten der Kiefer ganz bewusst geöffnet wird. Somit kann die reflektorische Einatmung gleich mittrainiert werden. Das bedeutet: Kiefer lösen, Lippenspannung beenden, Zunge entspannen – jeweils am Ende einer Silbe, eines Wortes. Auch hier kann bei L, M, N am Ende der Silbe der Schwa-Laut deutlich zu hören sein.

> 27: Konsonanten im Auslaut
> *at et it ot ut*
> *ap ep ip op up*
> *an en in on un*

7. Die Ohren

7.1 Der audiovokale Regelkreis

Ohne Ohren, ohne unser Hörorgan sind Stimmgebung und Sprechen nicht möglich. Wenn Sie die Sprechwerkzeuge im Überblick betrachten, ist die Frage leicht zu beantworten: Warum können „taub-stumme" Menschen (die korrekte Bezeichnung ist schwerst hörbehindert) nicht Sprache erzeugen, so wie Sie das können? Nicht, weil sie nicht denken können. Auch nicht, weil der Kehlkopf nicht funktioniert. Das Ohr erledigt seine Aufgabe nicht. Deswegen ist Spracherwerb u. a. auch im Hinblick auf Modulation äußerst problematisch. Gehörlose Menschen oder schwer Hörbehinderte können heute mit ausgeklügelten Therapien das Sprechen erlernen. Vor allem über das Fühlen der Kehlkopf- und Artikulationsmuskulatur wird in solchen Situationen gearbeitet. Aber die volle Ausdruckskraft einer menschlichen Stimme wird sich nicht einstellen.

Menschen, die z. B. im Alter schwerhörig werden, verändern ihr kommunikatives Sprechverhalten meist sehr auffällig. Etwa die Hälfte der Betroffenen spricht lauter als üblich (um sich selbst zu hören!). Die andere Hälfte zieht sich zurück und redet viel weniger (**weil** sie sich nicht mehr hört).

Sie kennen den Zusammenhang zwischen dem Gehör und Ihrem Sprechen aus dem persönlichen Alltag. Haben Sie mit Ihrem Handy schon einmal in einer lauten Umgebung (Bierzelt, Disco, Messe …) telefoniert? Wir erhöhen die Lautstärke. Manchmal meldet das sogar unser Zuhörer: „Schrei doch nicht so!" Oder denken Sie an eine typische Situation im Auto: Freisprechanlage, Radio aufgedreht, Winterreifengeräusch, holpriger Straßenbelag. Schon beginnen wir, viel zu laut zu sprechen, weil der Lärmpegel rundum zu hoch ist.

Technisch ist es absurd, in ein Mikrofon hineinzubrüllen, das die eigene Stimme bis nach Amerika überträgt! Aber wir sind eben zutiefst angewiesen darauf, uns selbst beim Sprechen zu hören. Ähnliches kann man auch beobachten, wenn man Kopfhörer aufsetzt. Meist können Menschen ihre Stimme nicht mehr kontrollieren. In der Stimmtherapie nennt man das „Vertäuben". Im therapeutischen Umfeld ist das eine wichtige Methode, um an die wirkliche, unkontrollierte Stimmkraft heranzukommen.

Der audiovokale Regelkreis betrifft Sie als LehrerIn ganz besonders. Praktisch vergeht wohl kein Tag Ihrer Unterrichtstätigkeit, an dem sich dieser körperliche Zusammenhang in Ihrem Stimmgebrauch **nicht** niederschlägt. Der Lärmpegel in den Klassen veranlasst viele von Ihnen, permanent lauter zu sprechen und damit auf Dauer die Stimme zu strapazieren. Es erscheint mir außerordentlich wichtig, die Verbindung zwischen Hören und Sprechen Ihren SchülerInnen zu verdeutlichen. Sie schaffen damit ein grundlegendes Verständnis, warum PädagogInnen in den Klassen immer wieder und so gut wie möglich den Lärmpegel senken müssen. Wenn Kinder erfahren, **wieso** Sie um Ruhe bitten, entsteht meist ein tiefes Verständnis für Ihre Maßnahmen. Die Kinder können dann gut akzeptieren, wenn Sie in manchen Situationen auch ungewöhnliche Entlastungsmaßnahmen setzen.

7. Die Ohren

Praxis

♥ Streichen Sie ein für alle Mal den Anspruch an Ihre Stimme, eine laute Klasse **überbrüllen** zu müssen. Ihre Stimme kann dies nur in absoluten Notfällen. Gewohnheitsmäßiges Schreien, noch dazu mit der falschen Technik, bringt nichts außer einer dauerhaft überstrapazierten Stimme. Seien Sie kreativ im Finden von Alternativen. Sie brauchen andere akustische Signale, die Sie in Ihren Klassen einführen und die den SchülerInnen klarmachen, dass der Zeitpunkt gekommen ist, den Lärmpegel wieder zu senken:
- Gong in der Klasse,
- Trillerpfeifen im Sportunterricht,
- kurze hohe spitze „Juchzer",
- Autohupe,
- Fahrradklingel,
- Klatschen,
- Trommel,
- Rassel und vieles mehr.

Je nach Altersstufe sind Kinder außerordentlich einfallsreich und sehr bereitwillig, Sie beim Finden weiterer Möglichkeiten zu unterstützen. Vor allem dann, wenn sie den Zusammenhang begriffen haben.

♥ Stärken Sie Ihr Gefühl für jenen Zeitpunkt, in dem sich die Geräuschkulisse auf Ihren Stimmklang auswirkt. Seien Sie in der Lage, diesen Moment, in dem Sie Ihre Stimme verändern, sehr exakt wahrzunehmen. Je sensibler Sie dafür sind, umso besser. Das ist genau der Zeitpunkt, zu dem Sie eine Maßnahme setzen müssen. Mehr und mehr sollen Sie in der Lage sein, zum ehestmöglichen Zeitpunkt zu reagieren.

♥ **Wenn** Sie denn rufen, schreien und brüllen müssen, dann tun Sie es stimmschonend und mit ökonomischem Krafteinsatz.

Unterrichtstipps

✷ **Laute Umgebung:** Der audiovokale Regelkreis lässt sich recht einfach überall dort erleben, wo die Umgebung laut ist. Es funktioniert besonders gut mit dem Handy. So kommt es wenigstens gelegentlich auch im Unterricht zum Einsatz, wo es ja sonst nicht gern gesehen wird. Exkursion an laute öffentliche Plätze: U-Bahn-Station, Bahnhof, Sportstadion, belebte Kreuzung. Lassen Sie die SchülerInnen sich gegenseitig anrufen. Die Reflexion wird ergeben, dass man meint, laut reden zu müssen.

In der Klasse kann ein Kind eine Geschichte vorlesen oder erzählen. Es soll sich nicht ablenken lassen. Mit den ZuhörerInnen verabreden, dass dabei z. B. Klopfgeräusche, Fußgetrappel, Kugelschreiberklicken erzeugt werden. Eine BeobachterInnengruppe nimmt wahr, wie sich die Stimme des erzählenden Kindes verändert, wenn die Geräusche ertönen.

7.2 Luft- und Knochenleitung

„Warum ist mir meine Stimme fremd?", fragen sich die meisten Menschen. Hört man seine Stimme auf einem Tonträger, z. B. Anrufbeantworter, Mailbox, Videoaufzeichnungen, erkennt man sich gar nicht. Die Tonbandstimme ist fremd, ungewohnt, gefällt den meisten oft nicht und wird mit der eigenen Person nur schwer in Verbindung gebracht. Ich nenne das den „heilsamen Stimmerkennungsschock". Wieso ist das so?

Sie sprechen. Sie erzeugen Schallwellen in Ihrem Kehlkopf. Diese verlassen Ihren Mund, breiten sich in der Raumluft aus. Sie kehren wieder zurück in Ihre Ohren. Das äußere Ohr leitet – durch das Trommelfell hindurch – die Wellen über das mittlere Ohr (Hammer, Armbrust, Steigbügel) in das Innenohr weiter (die Gehörschnecke). Von dort aus gibt der Hörnerv Reize weiter an das Gehirn. Das Hörverarbeitungszentrum analysiert und stellt fest: „Aha, hier spricht jemand." Weil das Trägermedium für den Schall in diesem Fall die Luft ist, sprechen wir von der sogenannten „Luftleitung". Unsere Stimme im Außen. Über die Luftleitung empfängt jede/r Ihrer ZuhörerInnen Ihre Stimme.

Schall kann sich aber auch in anderen Trägermedien ausbreiten. Wenn Wale sich rund um die Erde verständigen, breitet sich der Walgesang im Wasser aus. In manchen Thermalbädern gibt es Wasserbecken, die „Liquid Sound" anbieten. Mit den Ohren im Wasser hört man Musik.

Die Schallwellen Ihres Kehlkopfes werden auch **in** Ihrem Körper verbreitet und wahrgenommen. Sie breiten sich über Ihre Knochen aus. Vor allem über die Schädelknochen werden **gleichzeitig** die Schallwellen ein zweites Mal in den äußeren Gehörgang geleitet. Der Weg in das Gehirn ist dann derselbe. Weil das Trägermedium für den Schall im Körper Knochen sind, sprechen wir von der sogenannten „Knochenleitung". Das ist unsere „innere Stimme". Wenn Sie also sprechen, kommen in Ihrem Gehirn **zwei Stimmen** an. Die Knochenleitung ist noch dazu siebenmal schneller im Gehirn als die Luftleitung, die beiden sind leicht phasenverschoben. Das kann unser Ohr nicht bewusst wahrnehmen, so wie das Auge die vier Bilder pro Sekunde bei einem Film nicht mehr getrennt auffassen kann. Man kann es aber messen.

Ein Tonband empfängt ausschließlich Ihre Luftleitung. Andere Menschen hören ausschließlich Ihre Luftleitung. Wirkung auf die ZuhörerInnen erzielen wir nur mit der Luftleitung. Mit der Empfindung Ihrer eigenen Stimme, so wie **Sie** sie hören, in dieser Mischung zwischen Luft und Knochen, sind Sie alleine auf diesem Planeten. Niemand hört Sie so, wie Sie sich hören. Die Erfahrung Ihrer eigenen Stimme trennt Sie von allen anderen Wesen auf dieser Erde. Die Einzigen, die ein Problem damit haben, sind wir selber. Die anderen haben nie etwas anderes gehört und lieben uns trotzdem.

Warum ist uns die Außenkomponente unserer Stimme so fremd? Wie können wir uns Zugang verschaffen? Ich versuche meistens, dieses Phänomen von der Ebene der Optik her begreiflich zu machen. Auch auf der visuellen Ebene sehen **andere** Menschen von Ihnen etwas anderes, als Sie selbst mit Ihren eigenen

7. Die Ohren

Augen wahrnehmen können. Um sich so zu sehen, wie wir von anderen wahrgenommen werden, brauchen wir Hilfsmittel. Mit diesen Hilfsmitteln sind wir von Kindesbeinen an vertraut. Sie sind tausendmal vor einem Spiegel gestanden, es gibt vermutlich fünf Fotoalben und unzählige Computerdateien mit Bildern Ihrer Person. Damit sind Sie an Ihre optische Entwicklung gewöhnt. Sie vergleichen sich nicht mehr ständig mit Julia Roberts und George Clooney. Sie versuchen das Beste **aus sich** zu machen. Nicht wahr? Und wenn Ihnen ein Foto nicht gefällt, löschen oder zerreißen Sie es. Für das nächste Foto nehmen Sie eine andere Körperhaltung ein, wählen andere Kleidung und frisieren sich um. Wir nehmen an uns selber Veränderungen vor, damit der Output für die anderen besser wird. Darin sind wir MeisterInnen. Genau genommen könnte es uns selbst eigentlich egal sein, wie wir aussehen. Wir sehen uns den ganzen Tag ohnedies nicht. Aber offensichtlich wissen und spüren wir, dass davon eine Wirkung auf andere ausgeht.

Wie viele „Fotos" Ihrer Stimme sind im Verlauf Ihres Lebens schon entstanden? Wie viele Tonbandaufnahmen gibt es von Ihnen? Die Mehrheit meiner KursteilnehmerInnen verfügt über nicht mehr als zehn Dokumentationen der eigenen Stimme. Wie sollen Sie mit etwas vertraut sein oder gar etwas mögen, dem Sie in Ihrem Leben gerade eben zehn Mal begegnet sind: nämlich dem Außenanteil Ihrer Stimme. Viele Menschen sind betroffen, wenn sie realisieren, dass es hier einen Teil ihrer Persönlichkeit gibt, den sie gar nicht kennen. Den sie deswegen auch nicht steuern können. Während wir sagen können, wie wir uns optisch entwickelt haben, ist es bei der Stimme nicht möglich. Kaum jemand kann objektiv berichten und belegen, ob und wie sich die eigene Stimme, die eigene Sprechweise entwickelt und verändert haben. Das ist mit ein Grund, warum Stimmstörungen viel zu spät erkannt werden. Man hört es sich ja selber gar nicht an.

Nun drängt sich eine Frage auf: Was haben alle RednerInnen gemacht, bevor es Tonträger gab? Man konnte das Phänomen nicht wissenschaftlich benennen oder beschreiben, aber gewusst hat man darum.

Praxis & Unterrichtstipps

♥ ✳ Legen Sie je zwei Finger in die Falte hinter dem Ohr, im mittleren Teil. Drücken Sie die offene Ohrmuschel, den Knorpelteil leicht nach vorne und nach oben. Zählen Sie bis 10. Dann die Finger wieder weggeben und nochmal zählen, der Unterschied muss deutlich hörbar sein. Auf diese Weise wird das Wahrnehmen der Knochenleitung reduziert. Man kann mit diesem Experiment hören, wie man von anderen gehört wird. Diese Übung kennt man seit der Antike.

7. Die Ohren

Unterrichtstipps

✳ Um das **Phänomen der Knochenleitung** zu erklären, brauchen Sie eine große Stimmgabel. Außerdem die Möglichkeit, Stimmen aufzunehmen und in der Klasse wiederzugeben. Achten Sie darauf, dass Sie ausschließlich die Stimmen vorspielen, bei Videokameras wird das Bild abgedreht. Für PCs empfiehlt sich die kostenlose Software www.audacity.com mit einem einfachen Headset. Zum Einstieg konfrontieren Sie die SchülerInnen mithilfe eines gebundenen oder frei gesprochenen Textes mit ihrer eigenen Tonbandstimme. Fragen werden sich ergeben. Wieso kennen mich die anderen, ich selber jedoch nicht? Etc.

✳ Lassen Sie jetzt die Klasse gemeinsam auf Ihr Handzeichen bis fünf zählen. Frage: „Habt ihr alle etwas gehört?" Selbstverständlich. Geben Sie jetzt längere oder kürzere anatomische Erklärungen (siehe oben). Gegebenenfalls ist fächerübergreifend eine Zusammenarbeit mit der/dem Biologie- oder PhysiklehrerIn möglich. Erstellen Sie während Ihrer Erklärungen das Tafelbild.

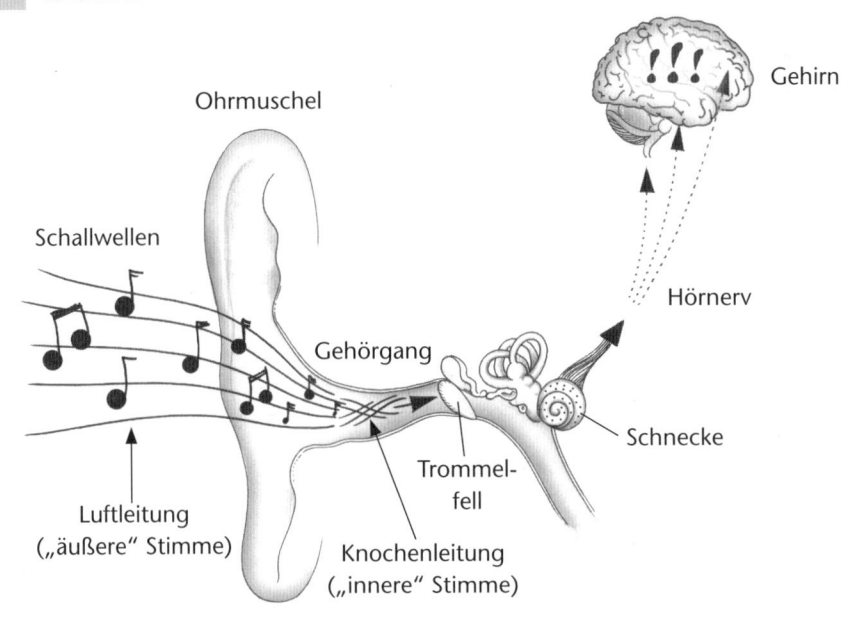

Diagramm: Schallwellen – Ohrmuschel – Gehörgang – Trommelfell – Schnecke – Hörnerv – Gehirn; Luftleitung („äußere" Stimme), Knochenleitung („innere" Stimme)

Wir selber hören uns **doppelt**! Andere hören von uns **nur** die Luftleitung!

Diese Darstellung steht für Sie unter http://beruf-lehrerin.veritas.at als Download bereit, falls Sie Ihren SchülerInnen einen Ausdruck geben möchten.

✳ Nun sollen die Kinder ihre Zeigefinger vorsichtig in die Ohren stecken (sie blockieren also die Luftleitung) und wieder zählen. Wieder gibt es natürlich eine Hörempfindung. Man hört sich selber – innen.

7. Die Ohren

✳ Machen Sie einen zweiten Durchgang mit verschlossenen Ohren, lassen Sie die Kinder flüstern. Wieder kann man sich selber hören. Überraschenderweise bleibt die innere Stimme fast gleich laut, auch wenn man nach außen flüstert.

Liefern Sie die anatomische Erklärung, indem Sie die Skizze – von der eben wahrgenommenen Empfindung im Gehirn ausgehend – beschreiben.

- Wir haben alle etwas gehört, also ist im Gehirn etwas angekommen. (Rufzeichen)
- Also war der Hörnerv gereizt (gepunktete Linien mit Pfeil).
- Also waren da chemisch-elektrische Impulse im Innenohr (Punkte in der Schnecke).
- Also waren mechanische Schallwellen im Außenohr. Klar, die wurden ja auch im Kehlkopf erzeugt (Schallwellen).

✳ **Wer hat die dort hineingeleitet?** Jetzt gehen Sie mit Ihrer Stimmgabel einzeln zu jedem Kind. Das Kind hat einen Finger im Ohr. Sie setzen dem Kind die angeschlagene Stimmgabel am Ellbogen desselben Armes an, mit dem Hinweis: „Wenn du etwas hörst, lächelst du." So können die Kinder hautnah erleben, wie über die Unterarm- und Fingerknochen die Schallwelle ins Außenohr gleitet wird. Sie kann eindeutig als Ton wahrgenommen werden.

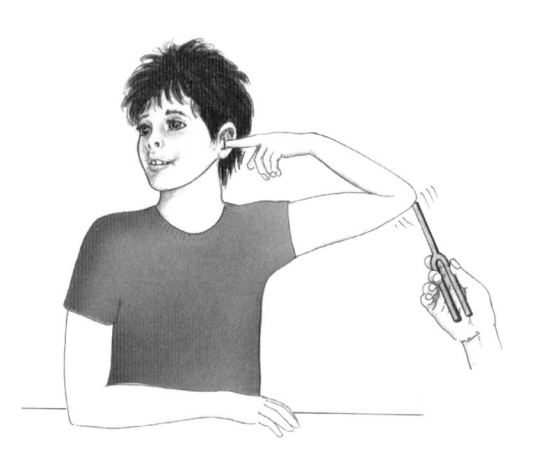

Unser Knochen leitet den Schall. Geben Sie weitere Erklärungen dazu, dass wir uns doppelt hören. Was hören andere Menschen bzw. Tonträger von uns? Welcher Teil der Stimme erzielt die Wirkung bei den anderen?

Reflexion, Zusammenfassung: Wenn wir unsere Stimme trainieren, müssen wir das so machen, dass wir uns selber hören **können**. Man kann die Stimme nicht in Gedanken, nicht nur im Kopf trainieren, sondern nur, indem **man laut mit sich selber spricht**. Referate, Gedichte etc. müssen wir laut vorbereiten. Wir brauchen eine gute Empfindung dafür, wie es sich anhört, wie es sich anfühlt, wenn wir sprechen. Ich muss sehr bewusst wahrnehmen, wie ich in verschiedenen Situationen spreche, sonst werde ich vor dem Klang meiner eigenen Stimme vielleicht sogar erschrecken.

7. Die Ohren

Zur Vertiefung eignen sich folgende Übungen.

* **Stimmexperimente:** Leiten Sie Stimmexperimente in Räumen mit unterschiedlicher Akustik an, z. B. in Kirchen mit meist starkem Hall, in kleinen Räumen, großen Räumen mit unterschiedlichem Raumschall. So lernen die Kinder, die Außenwirkung ihrer Stimme bewusster zu erkennen und zu steuern, was sich positiv auf das Sprechtempo auswirkt.

* Regen Sie **Ton(band)aufnahmen** an, damit sich die SchülerInnen der eigenen stimmlichen Realität stellen. Schneiden Sie Schulaufführungen, Konzerte, Lesungen, Bühnenspielsequenzen immer mit. Kinder neigen bei Nervosität oft zu überhastetem und undeutlichem Sprechen. Das lässt sich mit entsprechender Einsicht sehr rasch korrigieren. Wenn die Kinder nicht wissen, sehen, selber hören, wie sie sprechen, fehlt die Einsicht. Mit Tonbandaufnahmen geschieht erstens ein Gewöhnungsprozess an die eigene Außenstimme und zweitens die Erkenntnis: Die ZuhörerInnen können nur über die Außenkomponente erreicht werden.

7.3 Ohren und Sprachentwicklung

Einige weitere Zusammenhänge zwischen dem Gehörsinn und dem Sprachvermögen werden Ihnen beim Beurteilen und Einschätzen Ihrer SchülerInnen hilfreich sein, vor allem was das Sprachvermögen betrifft.

Fokussieren/Richtungshören

Wir haben zwei Ohren, deshalb können wir Tonhöhen, Lautstärken und Richtungen erkennen. Der Mensch hat im Vergleich zu anderen Wesen kein besonders empfindliches Gehör. Unsere Ohren sind klein, flach und wenig beweglich. Im Verlauf unserer Entwicklung ist es für unsere Ohren notwendig geworden, Geräusche aus verschiedenen Richtungen wahrzunehmen und Sprachfrequenzen gut zu erkennen. Ein gut geschultes Ohr ist kommunikativ von Vorteil, es kann sogar bei natürlichen Nebengeräuschen immer das gesprochene Wort herausfiltern.

Manche Kinder können tatsächlich Lernstoff **laut** memorieren und dabei Musik hören. Ihr Ohr kann die Sprache als wichtigstes Element klar herausfiltern. Das Ohr setzt Prioritäten und liefert die relevante Botschaft an das Gehirn. Manche Kinder sind dazu aber nicht in der Lage. Das kann damit zusammenhängen, dass ihr Ohr nicht genügend fokussieren kann. Sie brauchen eine ruhige Umgebung, um Sprache gut zu verstehen. Oder auf lange Sicht ein Gehörtraining.

7. Die Ohren

Unterrichtstipps

✳ Unter dem Motto: „Hören wie ein Luchs" können Sie verschiedene Aspekte aufgreifen, z. B.: Welche Tiere hören besser als der Mensch? Welche physikalischen Ausbreitungseigenschaften haben tiefe Töne? Wie nehmen wir hohe Töne wahr? Warum sind Alarmsysteme hoch? Hört ein Baby im Mutterleib die Knochen- oder die Luftleitung der Stimme?

Gleichgewicht – „OHR-ientierung"

Die Natur hat in unserem Innenohr außer dem Hörorgan auch unseren Gleichgewichtssinn etabliert. Ein Sprichwort verdeutlicht diesen Zusammenhang: „Wer nicht hören will, muss/kann/darf fühlen." Wenn wir die Stimme eines Menschen hören, orten wir ihn gleichzeitig auch räumlich. Wir messen blitzschnell, wo er im Hinblick auf uns steht. Stimmarbeit geschieht deswegen auch immer höchst erfolgreich über eine Aktivierung des Gleichgewichtssinns (siehe Abschnitt 8.1).

Sprechen und Sprache sind hochkomplexe Aktivitäten des menschlichen Organismus. Sie stehen an der Spitze unserer körperlichen Entwicklung. Zuerst und als Voraussetzung braucht der Mensch ein stabiles Gleichgewicht. Statisches Gleichgewicht für die Aufrichtung, dynamisches Gleichgewicht für Dreh- und Beschleunigungsbewegung. Erst wenn ein Mensch aufrecht stehen und gehen kann, ist er in der Lage, ganze Sätze zu sprechen. Solange ein Kleinkind krabbelt, kann es das nicht. Wann immer unser Gleichgewichtssinn im Innenohr nicht gut funktioniert, kann es sein, dass wir uns beim Sprechen schwer tun. Extremfall Alkohol: Wenn Alkoholeinfluss unseren Körper schwanken lässt, sind grammatikalisch einwandfreie Sätze nicht mehr möglich.

Praxis & Unterrichtstipps

♥ ✳ Auf einem Bein stehen, Hände nach vorne ausstrecken, Handflächen nach oben drehen. Einige spontane Fragen mit ganzen Sätzen beantworten (Was hast du gestern zu Abend gegessen? Wo fährst du am Wochenende hin?). Die meisten Versuche misslingen. Man kann kaum vollständige Sätze sagen, wenn der Gleichgewichtssinn mit der Balance beschäftigt ist. Für das Sprechen bleibt keine Kapazität übrig.

Von Relevanz können für Sie Hinweise sein, die Sie aus dem Turnunterricht gewinnen. Kinder, die Schwierigkeiten bei Balance- und Geschicklichkeitsübungen haben, sind wahrscheinlich nicht besonders schlagfertig.

Neuronale Energie – Brainpower

Ein menschliches Gehirn braucht Energie in Form von Zucker, Sauerstoff und Strom, um vor allem jene Hirnregionen anzuregen, in denen Kreativität, geistige Wachheit und Frische zu Hause sind. Die Forschungen von Alfred Tomatis zeigen, dass Strom beim Hören von hohen Tönen erzeugt wird. Beim Singen und Summen laden wir durch die mitschwingenden Obertöne unser Gehirn auf. Wann immer wir Menschen unsere Stimmung verbessern wollen, singen, pfeifen und trällern wir oft. Beim Haarewaschen singen Kinder unter der Dusche, wir pfeifen in dunklen Räumen, bei langen Autofahrten singen wir zum Autoradio, um uns aufzuladen. Marschlieder, Arbeitslieder, Wiegenlieder, Wanderlieder sorgen, seit es Menschen gibt, dafür, dass wir all diese Tätigkeiten mit Frische und Kreativität bewältigen. Kinder, die regelmäßig singen und musizieren, summen und pfeifen, haben einen eindeutig höheren Intelligenzquotienten. Sie sind auch „besser drauf".

Praxis & Unterrichtstipps

♥ ✳ Erlauben Sie mir einen ganz dringenden Appell. Geben Sie SchülerInnen **niemals** eine negative Rückmeldung wie etwa: Du singst falsch!, Du darfst nicht mitsingen!, Du triffst die Töne nicht! Du brummst! etc. Sie schränken damit geradewegs die Brainpower ein (siehe oben).
Wenn Sie sie denn schon ausschließen müssen, übergeben Sie Kindern, die nicht gut singen können, die Rhythmuskomponente von Musikalität. Oft können können sie ganz wunderbar mit einer Trommel, Rassel usw. den Takt mitmachen.

Der Mensch kann nur sprechen, was er hört

Einbußen und Einschränkungen der Hörfähigkeit beeinträchtigen auch das Sprechvermögen und das Kommunikationsverhalten. Schwerhörige ältere Menschen beginnen oft sehr laut zu sprechen. Was das Ohr nicht hörend differenziert, kann der Mund nicht aussprechen. Chinesische Babys können etwa im Alter von sechs Monaten im Ohr nicht mehr zwischen r und l unterscheiden. In ihrer Sprache gibt es kein r. Sie müssen also auf diese Frequenz hin ihr Ohr nicht wirklich trainieren. Wenn erwachsene ChinesInnen eine europäische Sprache erlernen, haben sie mit dem präzisen Artikulieren von r ziemliche Schwierigkeiten. Ihr Mund kann nicht nachmachen, was das Ohr nie gehört hat. Zahlreiche Forschungen in diese Richtung hat Alfred Tomatis vorgenommen.

Praxis

♥ Wenn Kinder undeutlich sprechen, ist unbedingt eine Überprüfung des Gehörs angeraten.

7. Die Ohren

Lateralität – links- oder rechtsohrig?

Bei vielen Tätigkeiten haben wir eine bevorzugte Körperhälfte. Am besten bekannt ist das Phänomen bei Rechts- bzw. Linkshändigkeit, beide Hände sind im Normalfall nicht gleich „begabt". Wir haben aber auch ein „Lieblingsbein", ein bevorzugtes Auge usw., das führt, und ein Ohr, das für uns Wesentliches schneller erfasst. Mit welchem Ohr telefonieren Sie? Selbst wenn Sie abwechselnd telefonieren, werden Sie feststellen, dass Sie Ihr „Hauptohr" benutzen, sobald das Gespräch „wichtig" wird.

Im Hinblick auf unser Sprechvermögen wirkt sich die Lateralität unterschiedlich aus. Hörverarbeitungszentrum und die zwei Hauptsteuerzentren für Sprache und den Sprechvorgang (Broca- und Wernicke-Areal) sind alle in der linken Gehirnhälfte platziert. Das ermöglicht ein relativ rasches sprachliches Reagieren auf eine gehörte Botschaft. Rechtes Ohr an linke Gehirnhälfte, nahe liegende Sprachzentren aktivieren – antworten. Bei linksohrigen Menschen dauert es wesentlich länger bis zur Antwort. Linkes Ohr an rechte Gehirnhälfte – kein Empfang, bitte warten, zuerst nach rechts hinüberschalten – jetzt erst geht es wie oben weiter. 13 cm mehr neuronale Verknüpfung sind notwendig, bis ein linksohriger Mensch eine Antwort parat hat.

Praxis

♥ Linksohrige Kinder/Menschen sind meist nicht so schlagfertig wie die rechtsohrigen. Sie brauchen Zeit, sich die Antwort zu überlegen. Ihre Stärke liegt im Zuhören und im genauen Verarbeiten. Eine „lange Leitung" kann auch etwas mit der Linksohrigkeit zu tun haben. Wettbewerbe von der Sorte „Wer antwortet am schnellsten" können linksohrige Kinder ganz schnell zu VerliererInnen machen. Achtsamkeit ist gefragt. Man kann das vorsichtig umtrainieren (Tomatis-Institute), erforderlich ist es jedoch nicht unbedingt.

Praxis & Unterrichtstipps

♥ ✷ Auf welchem Ohr hören Sie? Auf welchem Ohr hören Ihre SchülerInnen? Das können Sie im Rahmen einer Hausübung rasch für Ihre Klasse herausfinden, da die meisten Kinder heute ein Handy haben. Sie sollen sich zwei Tage lang beim Telefonieren beobachten. Eventuell werden Sie dann die Sitzordnung in der Klasse so umändern, dass Sie den Linksohrigen eine Zeit lang ins **rechte** Ohr sprechen.

7.4 Hörhygiene und Hörübungen

Praxis

♥ Jährlich eine Audiometrie (Hörtest) beim Facharzt, bei der Fachärztin.

♥ Ihre Ohren sind dankbar für eine tägliche Ruhepause von ca. einer Minute. Schweigen. Innehalten. Hören.

♥ Beachten Sie alle Lärmvorschriften.

♥ Gestalten Sie Ihren Alltag leiser. Wir verursachen oft unnötigen Lärm bei alltäglichen Verrichtungen: kochen, Schuhe putzen, Geschirrspüler ausräumen, ankleiden u. v. m.

Unterrichtstipps

✳ **Geräusche sammeln:** Die SchülerInnen werden in Dreiergruppen losgeschickt. z. B. ins Schulhaus, auf den Pausenplatz. Jede Gruppe nimmt Papier und Stift mit. Der Auftrag: Gemeinsam eine von Ihnen vorgegebene Zahl an akustischen Eindrücken sammeln. Geräusche finden, notieren, beschreiben.
Ein Geräusch gilt dann als „aufgenommen", wenn alle drei in der Gruppe es gehört haben bzw. von einem Gruppenmitglied aufmerksam gemacht worden sind.
Was ist das? Getränkeautomat.
Wie klingt er? Dröhnt, scheppert, brummt o. Ä. (Es dürfen nur akustische Wörter verwendet werden. „Flugzeug fliegt" gilt nicht, da das nicht hörbar ist.)
Die SchülerInnen sollen auch auf Geräusche achten, die sie selber verursachen, z. B. reibt beim Gehen der Stoff der Hosenbeine.
Sie geben eine Zeit vor. Bei Zwölfjährigen ist ein Erfahrungswert: 20 Eindrücke in 20 Minuten.
Zum Abschluss tragen die Teams ihre gesammelten Höreindrücke oder eine Auswahl vor.

Reflexion: Was geht leichter? Hören oder beschreiben? Hören geht immer schneller. Wenn wir uns darauf konzentrieren, hören wir immer mehr. Das Beschreiben ist nicht so leicht, wir sind es nicht gewöhnt. Die Verwendung von klingenden Begriffen ermöglicht einen variantenreicheren Ausdruck. „Das Radio geigt, schnulzt, jazzt, fiedelt, dröhnt, wummert mir ins Ohr" ist differenzierter als „Das Radio spielt".

7. Die Ohren

* **Akustische Reportagen** (für Fortgeschrittene): Übung wie beim Geräuschesammeln. Als Thema wird z. B. „Wie klingt unsere Schule?" vorgegeben.
Aus den zuerst nur gesammelten Eindrücken (Minimum 30 Geräusche) formuliert jedes Team eine eigene akustische Reportage aus, bei der möglichst viele der gesammelten Hörerlebnisse eingebunden werden.
Die Reportage kann im Reportagestil aufgenommen und der Klasse wie „aus dem Radio" vorgespielt werden.

Praxis

♥ Ich höre – also bin ich: Pflichtlektüre zum Finden und Vertiefen vieler Hörerfahrungen und Hörübungen für alle Altersstufen sind die Werke von Joachim-Ernst Berendt.

8. Die Körperhaltung

Um die Übertragung einer stimmlichen Botschaft zu sichern, brauchen wir eine gute Gesamtkörperhaltung. Dazu ein Bild: Unser Körper als Gesamtsystem hat für Stimme und Sprechweise die Funktion einer „Lautsprecherbox". Viele Menschen haben ihre Lautsprecherboxen jedoch nicht richtig platziert oder überhaupt nicht angeschlossen. Die Körperhaltung ist folgerichtig jenes Rädchen im Getriebe, dessen Pflege oft eine sehr unmittelbar wirksame positive Stimmveränderung bringt. In viererlei Hinsicht unterstützt der Körper die Stimmgebung:

- Aufrechte, gut geerdete, flexible Körperbalance
- Körpersprache, vor allem die Gestik nach außen und der Einsatz tiefliegender Muskelgruppen innen
- Körpertonus, Spannung
- Inspiratorische Gegenspannung

8.1 Sprechhaltung/Körperbalance

Ich gehe davon aus, dass Sie in Ihrer fachlichen und pädagogischen Kompetenz die Bedeutung einer physiologisch ausgewogenen Körperhaltung kennen. Gute Haltung für das Sprechen und Singen deckt sich im Grunde genommen mit jener Körperaufrichtung, die wir für den gesamten Alltag brauchen. Aufrecht sitzen und aufrecht stehen empfehlen sich beim Telefonieren, am Computer, beim Einkaufen, beim Präsentieren, beim Unterrichten. Wir sollten uns auf physiologisch gesunde Art bewegen: beim Turnen, beim Gärtnern, beim Lastenheben, beim Spazierengehen ... Kurzum: Eine optimale Körperhaltung vermeidet Verspannungen und Blockaden, fördert unsere Vitalität. Wir wissen es – und dennoch ist die Sache mit der Haltung ein großes Problem unserer Zeit: Wirbelsäulenfehlhaltungen, Nackenverspannungen, verkürzte Sehnen, zu wenig trainierte Muskulatur ... Die Liste ließe sich fortsetzen.

Praxis

♥ Ich möchte Sie in zweierlei Hinsicht fordern und motivieren. Sie selber erleichtern sich den stimmlichen Alltag durch eine optimale Körperkoordination. Ihre SchülerInnen ahmen Ihr Vorbild nach und profitieren von einer guten Haltung ein Leben lang.

Im Hinblick auf die Stimme muss an der Verbesserung der Haltung immer wieder gearbeitet werden. Die **Qualität der Stimme** steigt durch eine Körperhaltung, die bewusst als geistig-psychisch-muskuläre Einheit empfunden und gesteuert werden kann. Natürlich ist es dem Menschen möglich, grundsätzlich in jeder Körperhaltung zu sprechen (beim Singen ist das anders). Optimaler Stimmklang ist dabei nicht immer zu hören. Optimaler Stimmklang braucht das, was wir gemeinhin „gute Haltung" nennen. Mit Haltung meine

8. Die Körperhaltung

ich kein starres Einnehmen von Körperpositionen, sondern die Unterstützung unserer körperlichen Disposition als menschliches Wesen: Wir sind nämlich als „Stehaufmännchen" konzipiert, auf ein ständiges Ausbalancieren und Kreisen um eine gedachte Körperachse.

Wesentliche Elemente dafür sind:
- **Ein guter Stand:** Für einen guten Standpunkt brauchen wir genügend Boden unter den Füßen. Man vertritt seinen Standpunkt, man steht zu sich. Man hat Erdung. Gutes, bequemes Schuhwerk ist angesagt, damit Sie Ihren langen Schultag durchstehen. Entwickeln Sie außerdem ein Fußsohlengefühl. Es empfiehlt sich, gelegentlich Fachleute zu konsultieren (OrthopädIn, PhysiotherapeutIn, PodologIn). Diese können Aufschluss und eine ehrliche Rückmeldung darüber geben, wie und wie gut Sie wirklich stehen.
- **Flexible Knie:** Unsere Knie sind die flexibelsten Gelenke des gesamten Körpers. Sie sollen während des Sprechens elastisch und beweglich sein. Ihre Aufgabe ist ein Abfedern und Ausbalancieren. Nur eine Brücke, die schwingt, ist stabil.
- **Beckenstabilität:** Hüfte, Wirbelsäule und Kreuz verbinden im Körper das Oben und Unten miteinander. Auch die Beckenpartie brauchen wir beweglich. Im Stehen soll der untere Teil des Körpers immer ein klein bisschen pendeln. Millimeterweise, gerade für Sie selbst wahrnehmbar. Und was die meisten von Ihnen vermutlich sowieso praktizieren: im Unterricht mit kleinen Schritten auf und ab gehen. Im Gehen und Stehen klingt die Stimme grundsätzlich besser. Das Hüftpendeln synchronisiert außerdem die beiden Gehirnhälften.
- Im **Sitzen** das Gesäß auf dem Sitzknochen platzieren und beide Sohlen fest auf den Boden stellen. Die Wirbelsäule muss gleichauf mit dem Becken sein oder leicht nach vorne geneigt. Sie ist zuständig für das körpersprachliche Signal von Zuwendung und Zuneigung.
- **Brustkorb:** Ihr Brustbereich soll sich subjektiv frei anfühlen, groß und weit. Ein aufgerichteter Brustkorb ermöglicht gutes Atmen und erhöht Ihre Präsenz. Er ist ein Signal: Ich nehme mir meinen Raum, meine Luft zum Atmen. Kontraproduktiv ist es, beim Sprechen die Hände fest vor der Brust zu verschränken. Verschränken Sie die Arme – wenn nötig – nur locker.
- **Schultern:** Mit verspannter Schulter- und Nackenmuskulatur beeinträchtigen wir ziemlich direkt unseren Kehlkopf und seine Beweglichkeit. Sehen Sie zu, dass Sie mit einfachem Schulterkreisen immer wieder diese Partie untertags lockern.
- **Hände:** Setzen Sie sie zum Gestikulieren ein (siehe Abschnitt 8.2).
- **Kopf:** Um eine gerade Kopfhaltung zu fördern, gibt es eine altbewährte, unvergessene und immer noch gute Übung: ein Buch auf dem Kopf balancieren.

Die Zugänge zu einer guten Körperhaltung und einem hohen Körperbewusstsein sind vielfältig. Wenn Sie nicht gleich ganz speziell Gesangsunterricht oder Sprecherziehungskurse buchen wollen, dann können Sie über Tai-Chi, Qigong, Yoga, Wirbelsäulengymnastik, Rolfing, Osteopathie, Shiatsu, Aerobic, Pilates,

8. Die Körperhaltung

Nordic Walking, Schwimmen, (Flamenco-)Tanzen, Reiten, Golf spielen, Degenfechten Körperbewusstsein fördern. In vielen Bewegungslehren und Sportarten kommt es auch auf diese sogenannte „bewegte Balance" an. Tun Sie, was immer Ihnen Spaß macht, aber tun Sie es!

Seien Sie sensibel für Ihre körperliche Kondition. Gönnen Sie sich zweimal im Jahr zehn Massagen; wenn es Ihre Schulter- und Nackenmuskulatur benötigt, auch öfter. Entspannungsbäder gehören in Ihren Alltag, Thermenaufenthalte, Infrarotkabine, Sauna, Schweigewochenende, all das wirkt sich wohltuend auf Ihren körperlichen Spannungszustand aus. In der heutigen Zeit neigen wir mehr dazu, uns zu verspannen. Dagegen müssen Sie ein Berufsleben lang aktiv Maßnahmen setzen, die Ihnen guttun.

Unterrichtstipps

✳ Gerade für dieses Kapitel rege ich an, sich mit den **SportlehrerInnen** in der Schule zusammenzutun. Fächerübergreifend kann man den SchülerInnen sehr gut nahebringen, wie sich erhöhtes Körperbewusstsein, gute Kondition, Beweglichkeit, Lockerungsübungen etc. auf den Stimmklang auswirken. Probetexte, Proberufen im Turnsaal (Haaallooo, Echooo) **vor** der Gymnastikstunde und **danach**, in der Phase der Entspannung sprechen lassen. Die hörbaren Unterschiede werden auffällig sein.

✳ In einem fächerübergreifenden **Jahresprojekt** kann es eine spannende Erfahrung sein, herauszufinden, welche Sportarten sich besonders gut auf den Stimmklang auswirken (Schwimmen z. B. für die Atmung).

✳ Bitte entwickeln Sie ein Auge für die **Körperhaltungen** bzw. **Fehlhaltungen** der Jungen und Mädchen. Überlassen Sie das nicht allein SchulärztInnen. Intervenieren Sie lieber einmal zu viel als einmal zu wenig, was Krummrücken, Hals- und Schulterverspannungen etc. angeht. Je früher Sie den Eltern einen Hinweis geben, umso besser. Je öfter Sie selber in der Klasse zwischendurch Ausgleichsübungen einbauen können, umso hilfreicher. Sie wirken damit unmittelbar und positiv auf das Körpergefühl der jungen Menschen ein und damit in weiterer Folge auf deren Stimme und auf die Freude am Sprechen.

✳ Eine **körperliche Bereitschaftshaltung** schafft eine geistige Bereitschaft zur Kommunikation. Vielfach bewährt hat es sich, den SitznachbarInnen in der Klasse gegenseitig über einige Wochen die Beobachtung der Körperhaltung aufzutragen. **Die Aufgabe lautet**, den Sitznachbarn/die Sitznachbarin mindestens einmal und maximal dreimal pro Schultag zu einer kurzen Reflexion bzw. Verbesserung der Körperhaltung anzuregen.

8. Die Körperhaltung

8.2 Körper und Sprache – Körpersprache

„Der Gestus bereitet die Melodie vor", betont Horst Coblenzer in seinen Vorträgen. – Und Samy Molcho bringt es in seinen Seminaren immer wieder auf den Punkt: „Ein Mensch, der sich nicht bewegt, wird selten eine flexible und abwechslungsreiche Stimmmelodie haben."

Sie ist unüberhörbar und unübersehbar – die Schnittstelle zwischen Körpersprache und Stimme. Die beiden ergänzen sich, fördern sich oder beeinträchtigen sich. Vor allem der Einsatz der **Hände** kann wesentlich zur Übermittlung der Botschaften beitragen. Beim Präsentieren, Referieren und Unterrichten kommt der Gestik besondere Bedeutung zu. Aus der Körpersprache wissen wir, dass die Hände die Bilder und Strukturen unseres Gehirns im Raum für die ZuhörerInnen beschreiben.

Die Gehirnforschung belegt, dass unsere aktiven Hände und vor allem die sensiblen Fingerspitzen unser Sprech- und Sprachzentrum im Gehirn in besonderer Weise stimulieren. Vielleicht ist Ihnen schon aufgefallen, dass die nervöse Gestik aller sprechenden Menschen auf dieser Welt versucht, die Fingerspitzen zu mobilisieren (am Ring drehen, Nagelhaut zupfen, Brille hinauf- und hinuntergeben, mit den Fingern durch die Haare streifen, Ohrläppchen zupfen, Kugelschreiber an- und ausklicken …). Unbewusst versuchen wir dadurch, viele neuronale Impulse aus den Händen an das Sprachzentrum zu schicken.

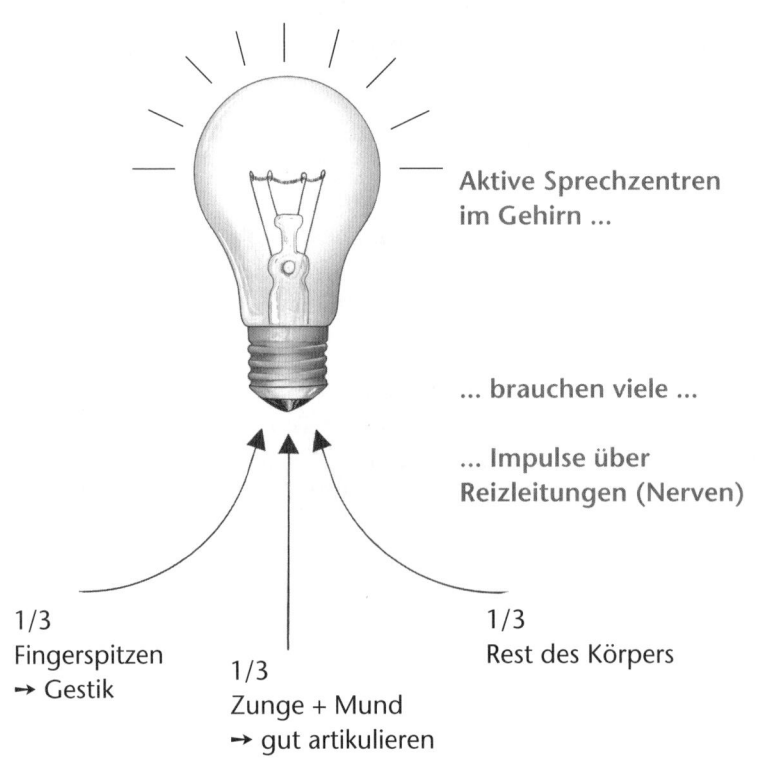

Aktive Sprechzentren im Gehirn …

… brauchen viele …

… Impulse über Reizleitungen (Nerven)

1/3 Fingerspitzen
→ Gestik

1/3 Zunge + Mund
→ gut artikulieren

1/3 Rest des Körpers

8. Die Körperhaltung

Unterrichtstipps

✳ Mit verschränkten Händen bis fünf zählen. Dann gleichzeitig zum Sprechen die Finger abzählen. Die Sprechmelodie wird dadurch intensiver, **Pausen** stellen sich ein.
Jemanden verscheuchen: „Weg, weg, weg." Zuerst die Hände dabei hinter dem Rücken verschränken, dann die entsprechende Handgestik dazu einsetzen.
„Schau, ein Flugzeug" zuerst mit verschränkten Händen sprechen, dann dabei mit der Hand zum Himmel zeigen.

Reflexion: Hören wir die Veränderung?

✳ **Partnerübung:** Jede/r erzählt der/dem anderen eine kleine Geschichte, max. 15 Sätze. Die PartnerInnen stehen oder sitzen einander gegenüber, normaler Sprechabstand (ca. 80 cm).
Lassen Sie vor Beginn der Übung beide PartnerInnen das Thema festlegen. Jede/r ist einmal ZuhörerIn und einmal ErzählerIn.
Der/Die **ZuhörerIn** hört mit geschlossenen Augen zu. Er/Sie soll hören, ob sich an der Stimmmelodie, am Erzählton des/der anderen im Verlauf der Geschichte etwas hörbar ändert. Vielleicht hört er/sie sogar den genauen Moment der Veränderung!
Der/Die **ErzählerIn** beginnt die Erzählung mit verschränkten Händen vor der Brust oder am Rücken. Etwa in der Mitte der Geschichte soll er/sie anfangen, die Hände mitzubenützen und mit passender Gestik weiterzuerzählen. Leiten Sie eher große Gestik und zahlreiche Handbewegungen an.

Nach dem erfolgten Rollenwechsel empfehle ich die **Reflexion** im Plenum. Erfahrungsgemäß sorgt diese Übung bei etwa 80 Prozent der Kinder für ein eindrucksvolles Erlebnis.

✳ Sie brauchen einen Probetext, den die Kinder auswendig können, vier Zeilen genügen (z. B. ein Kinderlied, nur zum Sprechen, nicht zum Singen). Mithilfe einer Pinnwand o. Ä. wird jeweils ein Kind für die anderen unsichtbar gemacht, es muss aber dabei hörbar bleiben. Hinter der Wand/Abtrennung befinden sich Tisch und Stuhl. Ein Kind geht hinter die Wand, nimmt eine von ihm gewählte Körperhaltung ein (z. B. verschränkte Hände, überkreuzte Beine, Hocke, gekrümmte Haltung). Oder es macht dazu eine besondere Körperbewegung (z. B. Hände ringen, erhobener Zeigefinger, jubelnder Daumen nach oben). Nun spricht das Kind den Probetext mehrere Male. Die ZuhörerInnen auf der anderen Seite sollen herausfinden, wie weit sich die Körperhaltung bzw. Gestik überträgt. Sie können versuchen, die Haltung des/der Sprechenden nachzumachen.

8. Die Körperhaltung

Reflexion: Welche Informationen gewinne ich über einen Menschen aus seiner Stimme? Offensichtlich auch Informationen zu seiner Körperhaltung.

* Als Vertiefung liegt hier das Thema Körpersprache auf der Hand.

* Für Besuche im Theater, von Musicals etc. und für Bühnenspiel-, Theater- und Schauspielgruppen kann man hier noch viel weiter gehen. Wie können OpernsängerInnen im Liegen singen? In betrunkenem Zustand hat man einen schlaffen Muskeltonus. Wie kann ein Schauspieler, der einen Betrunkenen spielen muss, dennoch eine voll tönende Stimme haben? Wie trainiert muss ein Pop-Sänger sein, wenn er über die Bühne wirbelt und beim Singen trotzdem nicht außer Atem ist? SchauspielerInnen und SängerInnen können durch intensives Training der inneren, tiefer liegenden Muskulatur auch solche scheinbar widersprüchlichen Auftrittssituationen meistern.

8.3 Körperspannung – Tonus

Der angestrebte muskuläre Zustand des Körpers beim Sprechen ist der sogenannte **Eu-Tonus**. Tonus als Begriff für Spannung oder Druckverhältnisse kennen wir z. B. vom Blutdruck. Wenn der Druck in den Aderwänden zu hoch ist, hat das Blut zu viel Widerstand, der Fluss ist eingeschränkt. Es baut sich zu viel Spannung auf. Wenn der Druck in den Aderwänden zu niedrig ist, versackt das Blut und wird nicht regelmäßig weitergepumpt, es hat zu wenig Antrieb.

Damit die Stimme gut klingt, darf die muskuläre Spannung im Körper weder zu hoch noch zu niedrig sein. Das Ziel ist der Eu-Tonus, bei dem eine Art lustvolle Grundspannung das Sprechen begleitet. Mit zu wenig Spannung fehlt der „Drive" in der Stimme. Die ZuhörerInnen werden kaum erreicht, weil die aktive Zuwendung fehlt. Mit zu viel Spannung werden die ZuhörerInnen von der meist hart und scharf werdenden Stimme „überfahren".

Praxis & Unterrichtstipps

Die folgende Sequenz probieren Sie für sich selber zunächst zu Hause aus, um den Effekt am eigenen Leib zu erfahren.

♥ * Ihre SchülerInnen sollen sich locker in ihre Sessel hängen, so wie beim **Lümmeln** auf dem Sofa vor dem Fernsehapparat („Couchpotatoe"). Geben Sie folgende Anleitung: „Versucht, gemeinsam eine hoch motivierende, kraftvolle, schwungvolle Botschaft zu sagen." Es reicht dafür ein „Super, dass du da bist" (auch im Dialekt möglich). Wichtig ist dabei nur, dass alle denselben Text im Chor sprechen, und zwar auf Ihr Zeichen.

Reflexion: War das wirklich hoch motivierend? Seid ihr überhaupt in Stimmung für einen schwungvollen Satz? Ist der Klang monoton oder voll?

8. Die Körperhaltung

♥ ✻ Ein zweiter Durchgang hat „**Überspannung**" zum Inhalt: aufrecht sitzen, Beine übereinanderschlagen (Jungs so weit wie möglich), Hände fest verschränken, Schultern hochziehen oder anspannen. Lassen Sie den gleichen Probesatz mit viel Einsatz sprechen. (Der Gruppenklang muss hörbar härter, schärfer, schneidender werden. Ansonsten die Körperanspannung erhöhen lassen, noch mehr anspannen.)

Reflexion: wie oben.

♥ ✻ Zur Überprüfung wird ein Durchgang im **Stehen** durchgeführt: Alle stehen zuerst übertrieben locker, flapsig, Fußspitzen eher nach innen gedreht, Knie eingeknickt, Hände in den Hosentaschen. Mentale Einstellung: „null Bock" oder „Jacky Lässig", voll cool. Den gleichen Probesatz sprechen.

Dann der Gegensatz: Füße und Beine eng aneinanderstellen, Knie durchdrücken. Pobacken zusammenkneifen, Bauch hinein, Brust heraus, Hände hinter dem Rücken fest zusammendrücken. Den gleichen Probesatz sprechen.

Reflexion: wie oben.
In der Überspannung oder Verspannung lässt sich eher ein militärisches „Aye Aye Sir" aussprechen. Das klingt stimmig.
So geht es also nicht. Wir brauchen offensichtlich ein Mittelding.

♥ ✻ Nun erarbeiten Sie mit den Kindern Schritt für Schritt die unter 8.1 beschriebene **Sitzhaltung**. Ergänzen Sie diese mit einem kurzen Handflächenreiben, was stark tonisiert. Jetzt lassen Sie den Probetext sprechen.

♥ ✻ Im Stehen schließen Sie die Übung des **Eu-tonischen Pendels** an: Leichte Pendelbewegungen in alle Richtungen und auch im Kreis durchführen. Die Fußsohlen bewegen sich dabei nicht von der Stelle, wohl kann aber das Gewicht von einem Bein auf das andere verlagert werden. Dabei tönen die SchülerInnen verschiedene Vokale und Konsonanten. Vielleicht entsteht in zwei bis drei Minuten sogar ein gemeinsamer Klassenrhythmus. Schieben Sie wieder ein kurzes Händereiben ein und lassen Sie noch einmal den Probetext sprechen.

Reflexion: Haben wir die Unterschiede bemerkt, haben wir gehört? Was heißt das für meine Sprechsituationen? Kann ich in Zukunft besser zwischen Zuhörhaltung und Sprechhaltung unterscheiden? Vor allem das Zurücklehnen im Sessel ist besser zum Zuhören als zum Sprechen geeignet. Wie sorge ich für den richtigen Tonus im Alltag? Wie bringe ich mich mental und körperlich in die Bereitschaftshaltung zum Sprechen?

♥ ✳ **Vertiefung:** Wenn Sie mit Ihrer Klasse gut vertraut und Ihre SchülerInnen neugierig sind, können Sie ganz getrost als passende Fortsetzung das „Opernsänger-O" und die Übungen zur inspiratorischen Gegenspannung anschließen (siehe Abschnitt 8.4).

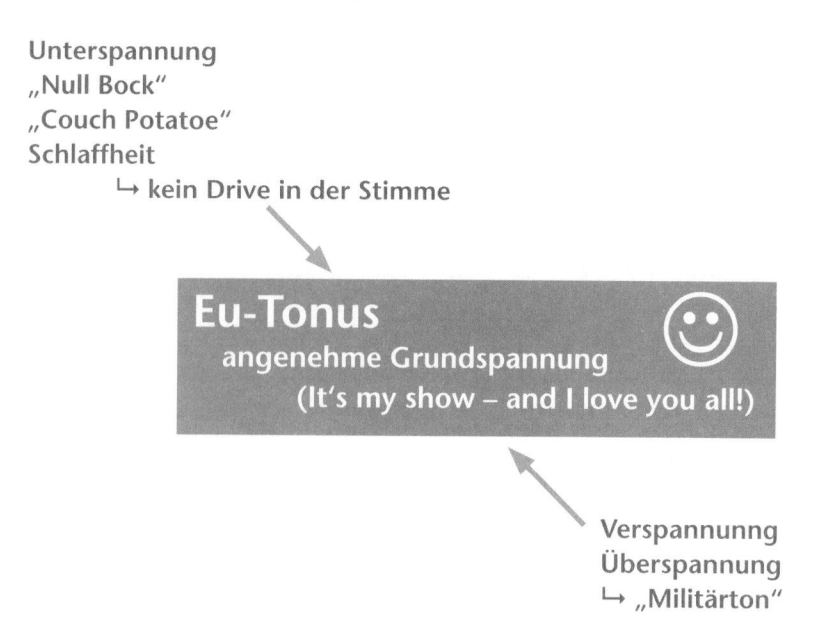

Unterspannung
„Null Bock"
„Couch Potatoe"
Schlaffheit
↳ kein Drive in der Stimme

Eu-Tonus ☺
angenehme Grundspannung
(It's my show – and I love you all!)

Verspannunng
Überspannung
↳ „Militärton"

Diese Darstellung steht Ihnen auch als Download unter http://beruf-lehrerin.veritas.at zur Verfügung.

8.4 Die inspiratorische Gegenspannung

Es gibt Situationen, in denen wir einen längeren Atem brauchen. Im wirklichen und im übertragenen Sinn. Ein effizientes Sprechen, das aus der Sammlung, der Ruhe, der zentrierten Energie kommt. Einen Stimmeinsatz mit größtmöglicher Entlastung des Kehlkopfes. Nach dem geräusch- und mühelosen Zur-Luft-Kommen dosieren wir den Verbrauch dieser Luft sehr sparsam. Das Zügeln der Luft ermöglicht uns der Einsatz unseres gesamten Körpers als Instrument.

Wir haben mehr Einatemmuskeln als Ausatemmuskeln. Einatmen wird daher auch subjektiv als aktiv empfunden und das Ausatmen als eher passiv. Wir holen bewusst Luft, das Ausatmen geschieht einfach. Los werden müssen wir die Luft, das können wir – weil die Muskelspannung sich löst – auch leichter „geschehen lassen". Allerdings ist auf diese Weise die Luft „ganz schnell wieder draußen". Für die Klanggebung gilt es, in diesen Ausatemvorgang mit gezieltem Einsatz von Muskulatur einzugreifen. Für die Stimmgebung ist es hilfreich, den Atem dosiert abzugeben. SprecherInnen und SängerInnen trainieren die entsprechende Muskulatur, die das Ausatmen verlangsamt.

8. Die Körperhaltung

Praxis & Unterrichtstipps

♥ ✳ Beim **Pfeifen** lässt sich sehr gut spüren, dass der Atemdruck gezügelt eingesetzt werden muss. Lassen Sie Ihre SchülerInnen mit zu viel Druck pfeifen, dann entsteht kein Ton mehr.
Auch **Grashalmblasen** erfordert Atemzügelung. Mit zu viel Druck klingt gar nichts.

Das bewusste Steuern der Ausatmung beim Sprechen und Singen wird oft als **inspiratorische** Gegenspannung bezeichnet, auch die Begriffe **Stütze** oder **Atemstütze** sind dafür gebräuchlich. Coblenzer/Muhar (2006) definieren sie als „die Summe aller Kräfte, die dem Verströmen von Luft während der Lautgebung entgegenwirkt". In der mentalen Vorstellung arbeitet man anfangs mit einem Trick. Man versucht den Körper ständig/gerade während des Ausatmens in Einatemhaltung zu belassen. Man „überlistet" den Geist und trägt ihm auf, während des Ausatmens die Einatemmuskulatur (lustvoll) in Spannung zu belassen. Wenn die entsprechenden Muskeln trainiert sind, ist diese mechanische Weitung, das Herstellen von weiten, inneren Körperräumen muskulär auch möglich.

Jede **Streckung** des Körpers sorgt für eine Einatemtendenz. Unser Körper weitet sich einerseits beim Aktivieren von Zentrifugalkräften, z. B. beim Ballwurf: Das Ausholen streckt, der Atem kommt und mit dem Wurf geht die Atemluft, der Körper bleibt aber gestreckt. Im Idealfall füllt sich der noch gestreckte Körper in Sekundenbruchteilen gleich wieder mit Luft. Andererseits entsteht die innere Weite auch beim Mobilisieren von zentripetalen Muskelkräften, beim **Dehnen**, z. B. mit Expander oder Theraband. Beim langsamen (!) Aufbauen des Widerstandes dehnt sich die Muskulatur.

Wir können solche Kräfte an verschiedenen Stellen unseres Körpers mobil machen:
- Flanken
- Zwischenrippenmuskulatur im Brustkorb
- Unterbauch – vor allem der innenliegende quere Bauchmuskel
- Muskulatur der Rücken- und der Lendenwirbelsäule
- Beckenboden
- Zwerchfell
- Arme und Hände

Bis Sie alle Muskeln gemeinsam aktivieren und für den Stimmeinsatz steuern können, dauert das geraume Zeit. Das erfordert Training, Training, Training, soll Sie aber nicht davon abhalten. Für den gesteuerten Spannungsaufbau hat jeder seinen Lieblingsmuskel. Wenn Sie nicht sicher sind, unterstützt Sie ein/e StimmtrainerIn, um herauszufinden, über welche Muskelgruppe Ihr Zugang am schnellsten möglich ist. Vielleicht spüren Sie Ihr Zwerchfell gut, möglicherweise spüren Sie die Flanken besser, oder Sie haben ohnedies bereits einmal ein Beckenbodentraining absolviert.

8. Die Körperhaltung

Zwerchfell

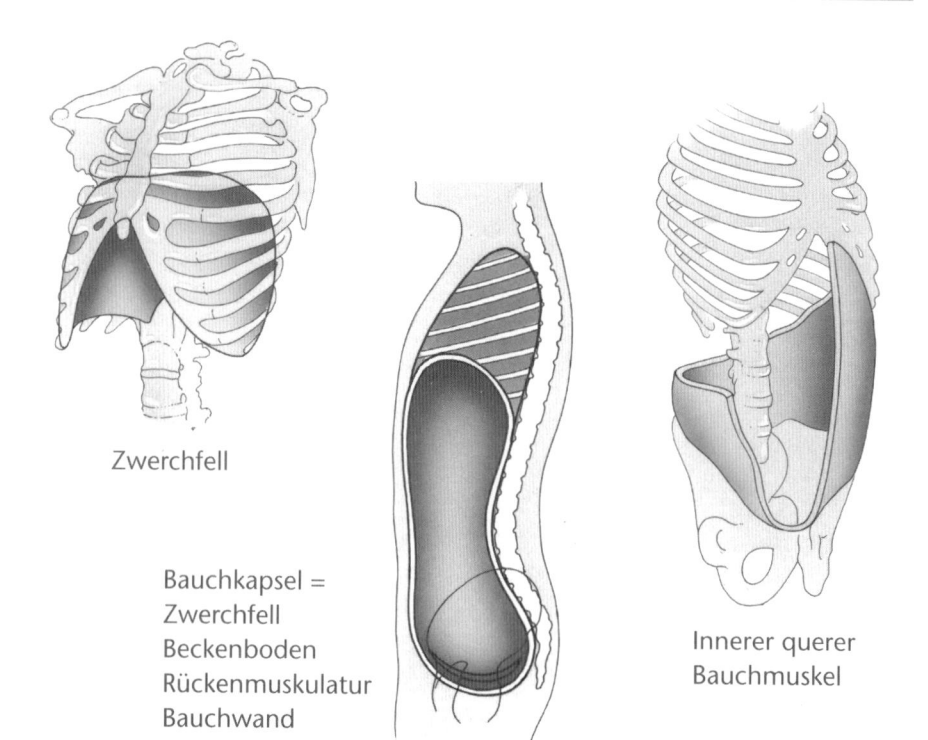

Bauchkapsel =
Zwerchfell
Beckenboden
Rückenmuskulatur
Bauchwand

Innerer querer
Bauchmuskel

Praxis & Unterrichtstipps

Die folgenden Übungen können Ihnen und Ihren SchülerInnen als Einstieg dienen. Sie helfen, die Wahrnehmung für die angesprochenen Körperregionen zu schärfen. Das daraus gewonnene neue Körperempfinden bzw. das bewusste Abrufen der muskulären Tätigkeit braucht natürlich eine stete Wiederholung, bis es automatisch zur Verfügung steht. Bei regelmäßigem Kurztraining lassen sich im Verlaufe eines Schuljahres ganz beachtliche Erfolge erzielen. Wenn Sie mit KollegInnen fächerübergreifend arbeiten, sind die positiven Veränderungen in den Sprech- und Kommunikationssituationen des schulischen Alltags oft sogar in kürzerer Zeit eingeprägt.

♥ ✳ **Flanken:** Die Bewegungen der Flanken während des Atmens sind für die meisten Menschen besonders gut in nach vorne übergebeugten Haltungen zu spüren.

Hüftbreit stehen, lockere Knie, Oberkörper nach unten beugen, Arme baumeln locker, Kopf hängen lassen. Atmen. Spürbar wird die Weitung der Flanken und des hinteren oberen Rückens. Manchmal geht die Bewegung bis in den Schultergürtel. Beim Einatmen ist es sogar möglich zu sehen, wie sich die locker baumelnden Hände einige Zentimeter voneinander entfernen und sich beim Ausatmen wieder nähern. Mindestens zehn Atemzüge beobachten.

8. Die Körperhaltung

In der Haltung bleiben, die Hände an die Flanken legen. Wieder die Weitung beobachten und das Loslassen, das Kleinerwerden des Raumes.

Spannung halten. Einatem kommen lassen, beim Ausatmen ein weiches „schschschsch..." phonieren. Ganz bewusst versuchen, die Weite des Brustkorbs zu halten und das Zusammensinken der Flanken zu verhindern. Das gelingt erfahrungsgemäß anfangs nur wenige Sekunden, was so in Ordnung ist. Sie versuchen ja vielleicht das erste Mal, bewusst gegen die muskuläre Ausatembewegung anzuhalten.

Variation: Die gleiche Übungsreihe auf dem Boden kniend ausführen. Kopf nach vorne beugen, bis er den Boden berührt. Die Arme sind seitwärts am Körper und zeigen Richtung Becken. Auch in dieser Haltung ist vor allem die Flankenbewegung sehr intensiv.

♥ ✳ **Schwammübung** (ähnlich auch bei Eva Loschky, 2005): Auf den Sitzhöckern aufrecht sitzen. Konzentrieren Sie sich auf die Sitzhöcker, versuchen Sie, sich den Abstand zwischen diesen beiden Knochen bildlich vorzustellen.
Atem beobachten, geschehen lassen.
Einen kräftiger Ausatem auf „sch" produzieren. Stellen Sie sich vor, Sie hätten zwischen Ihren beiden Sitzhöckern einen Schwamm. Mit dem Ausatmen auf „sch" drücken Sie diesen Schwamm aus. Die Sitzknochen sollen sich einige Millimeter einander nähern. Es wird langsam eine Spannung in Ihrem Unterleib aufgebaut. Kurze Pause. Den Schwamm millimeterweise wieder loslassen. Die Sitzhöcker gleiten wieder auseinander. Mehrere Wiederholungen. Es ist anfangs ganz okay, wenn Sie noch nicht deutlich zwischen der Beckenbodenmuskulatur und den Pomuskeln unterscheiden können. Die Empfindung wird durch regelmäßiges Training verfeinert.

Variation 1: Wie die Schwammübung, dabei zusätzlich den Abstand der Sitzknochen mit den Händen vor dem Bauch simulieren. Der Spannungsaufbau und -abbau wird gleichsam in der Luft mit den Händen nachvollzogen.

Variation 2: Während des Spannungsaufbaus einen Satz sagen oder eine Liedzeile singen. Spüren, dass die Spannung am Ende des Satzes am höchsten ist. Stimmgebung ist immer ein Crescendo, ein Spannungs**aufbau** ..., bis die Botschaft die HörerInnen erreicht hat.

♥ ✳ Klassische **Sit-ups in Zeitlupe** durchzuführen, fördert ebenfalls die Wahrnehmung des Spannungsaufbaus und ist eine gute Voraussetzung für stimmliche Höchstleistungen.

8. Die Körperhaltung

♥ ✳ **Transversus aufspüren:** Im Liegen (bei Kreuzschmerzen ein Bein aufstellen) durchführen, Beine ausgestreckt. Beckenboden aktivieren und in Spannung lassen, dann ein Bein fünf Zentimeter anheben. Der Muskel, der jetzt tief im Unterbauch arbeitet, ist der große quersitzende Bauchmuskel, der uns Halt gibt. Kann als erste Aktivierungsübung täglich fünfmal je Seite ausgeführt werden.

♥ ✳ **Lendenmuskulatur:** Im Liegen. Eine Ferse einige Sekunden in den Boden drücken. Der obere Rücken arbeitet nicht. Punktgenau reagieren jetzt die Halte- und Steuermuskeln der Lendenwirbelsäule.

Wenn Spannungsaufbau und Loslassen sich automatisiert haben, stellt sich die inspiratorische Gegenspannung in kommunikativen Situationen von selbst ein. Das eigene Auftreten ist leichter, klangvoller und wirkungsvoller. Meine Münchner Kollegin Eva Loschky ist Spezialistin auf dem Gebiet der inneren Weite als Zugang zur Kraft der eigenen Stimme. In ihrem Buch, ein Muss für alle Voice-Worker, beschreibt sie ganz exquisite Übungen für die innere Muskulatur.

Noch einige interessante Beobachtungen aus meiner eigenen Erfahrung: Die Aktivierung der inneren Muskulatur ermöglicht Kindern über die Körperwahrnehmung eine ganz spezielle Form von **innerer Stabilität**. Es macht sie sicher, sich auf ihre Muskeln im Inneren verlassen zu können (ganz nebenbei verbessert es natürlich die Haltung). Auffällig und daher sehr brauchbar erweist sich das vor allem in der Pubertät. Dann nämlich, wenn die Dynamik der sozialen Gruppen nach **außen** eine schlaffe Körperhaltung und „Null Bock"-Gesinnung verlangt. Wenn man nach außen cool sein muss, ist die Beherrschung dieser inneren Muskulatur ein guter Weg zur gleichzeitigen inneren Sicherheit. Damit sind sowohl Gruppenzugehörigkeit als auch Individualität möglich.

Unterrichtstipps

✳ Die legendäre **Kerzenprobe** nach Manuel Garcia: Eindrucksvoll und spektakulär als Demonstration der Atemzügelung ist diese Standardübung. Eine brennende Kerze zehn Zentimeter vor dem Mund mit beiden Händen halten.
Ein deutlich gebildetes „O" auf angenehmer Tonhöhe einige Zeit lang aushalten. Um Kindern die Scheu zu nehmen, wünsche ich mir immer einen möglichst „falschen" Ton. Zuerst ein bisschen überlüften, das „O" klingt leicht hauchig. Die Kerzenflamme wird flackern.
Wieder mit etwas zu viel Luft beginnen. Während des Tons versuchen, den Atem zu zügeln und die flackernde Flamme zu beruhigen. Möglicherweise sind mehrere Versuche nötig. Die Atemzügelung soll jedenfalls an der Flamme sichtbar sein und die veränderte Klangqualität ist mit den Ohren hörbar.

8. Die Körperhaltung

Mit Hauch beginnen – Atem zügeln – wieder überlüften. Entsprechend sichtbar sollen werden: Flackern – Beruhigen – Flackern. Auch das Ohr soll den Unterschied wahrnehmen und beschreiben.
Für Fortgeschrittene: Wenn die Klasse Vorarbeit geleistet hat und auf innere Muskelgruppen bewusst zugreifen kann, kombinieren Sie die Kerzenprobe mit der Schwammübung.

Reflexion: Der Ton wird sauber, klangvoll und ohne Hauch, während in einzelnen Körperregionen langsam Spannung aufgebaut wird.

✱ Der Themenbereich **Weitung/Streckung/Wohlfühlspannung** kann über das Aktivieren der Lendenwirbelsäule gut veranschaulicht werden.
Zweierteams bilden (etwa gleiche Körpergröße). Als Probelaut dient das Opernsänger-„O" oder eine Liedzeile.
Jeder singt dem anderen sein „O" vor, von Angesicht zu Angesicht.
Die PartnerInnen stehen Rücken an Rücken, gehen ein bisschen in die Knie, lehnen sich an der Lendenwirbelsäule aneinander, die beiden Oberkörper leicht nach vorne gebeugt, obere Rückenpartien berühren sich nicht.

Berührpunkt ist das Kreuz. Beide PartnerInnen sind aufgefordert, einander Halt zu geben, müssen sich balancierend in dieser Position zuerst stabil fühlen. Bei der gegenseitigen Stütze soll der Kraftaufwand minimal sein. Nun phoniert einer sein „O". Die Hände können dabei auch noch eine beschwörende Gestik machen. Der andere hört zu und kontrolliert eine mögliche Klangveränderung. Wechsel.

Beide sitzen einander zugewandt auf einem Stuhl und reichen sich die Hände. Die Fußspitzen berühren einander. Beide machen sich bereit, gleichzeitig etwas aufzustehen und sich in Schwebe zu halten. In den Händen und Oberarmen entsteht ein leichter Zug. Ellbogen sind ein wenig angewinkelt. In der Schwebe eine stabile Balance finden.

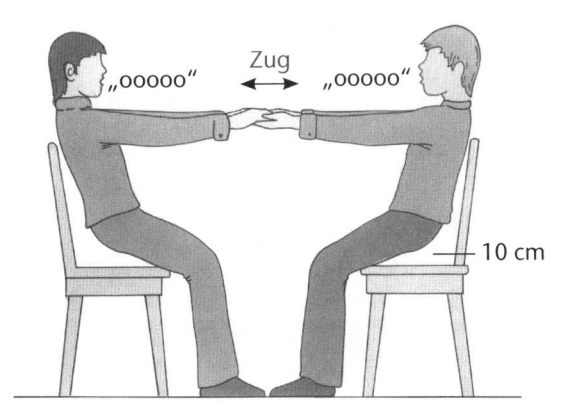

8. Die Körperhaltung

Als Gegengewicht zu den haltenden Händen wird das Kreuzbein aktiviert (Po nach hinten strecken, wie wenn man sich gleich wieder niedersetzen wollte). Abwechselnd wird das „O" gesungen. Die Balance kann über Powackeln und schwingende Arme locker gehalten werden.

Ein/e PartnerIn lehnt sich mit der Lendenwirbelsäule bei leicht gebeugten Knien an eine freie Wand. Die Lendenwirbelsäule wahrnehmen als Punkt, in dem die Wand Unterstützung gibt. Sich im Kreuzbein „in die Wand fallen lassen". Mit beschwörender Gestik dem/der PartnerIn das „O" vorsingen. So lange aushalten, wie man Luft hat. Wechsel.

Reflexion: Geschah eine stimmliche Veränderung? Wie beschreiben wir diese? Bei welcher Übung war mein individuelles „O" am klangvollsten? Bei welcher Übung empfand ich es als mühelos? Bei welchem Durchgang konnte ich es besonders lange aushalten? Habe ich den Ton im Hals gespürt oder habe ich ihn etwa gar nicht gespürt?

* **Ergänzende Informationen:** Andere Muskeln des Körpers entlasten den Kehlkopf (Biologie). Was im Beckenboden geschieht, nimmt die Last vom Hals. Vibrationen sind wahrnehmbar, Resonanzen werden aufgeschaukelt (Physik). Stimmen werden größer, voller, lauter ... (Musikerziehung). – Diese Übungsreihe ist eine wunderbare Möglichkeit, besonders viele Fächer zu verbinden. Bitte schöpfen Sie aus dem vollen Repertoire.

* **Abschluss/Transfer, Nutzen im Alltag:** Lassen Sie die Kinder noch einmal an die Wand anlehnen und phonieren. Dann sollen sie sich aufrichten, sich aber weiterhin vorstellen, an der Wand zu lehnen. Die Lendenwirbelsäule wird damit auch im Stehen aktiviert. Nun soll das „O" in gleicher Qualität mithilfe des gesamten Körpers noch einmal produziert werden. Die Klangqualität wird schließlich auch noch bei einem gesprochenen Satz erzeugt.

Reflexion: Wenn ich klingen will, wenn ich raumfüllend sprechen möchte, kann ich dafür meinen ganzen Körper verwenden. Stimme geschieht nicht nur im Hals. Das Instrument ist **mein ganzer Körper**. – Wir nehmen uns vor, vor jeder Wortmeldung vor der Klasse die Lendenwirbelsäule (LWS) zu aktivieren, den Mega-Turbo-Schalter im unteren Rücken zu drücken.

9. Leistungsfähigkeit der Stimme

9.1 Der Stimmstatus

Jene Untersuchung, die Aufschluss gibt, ob eine Stimme gesund ist, nennt man **Stimmstatus**. Sie ist vergleichbar einer ergonomischen Untersuchung des Herz-Kreislauf-Systems. Die Medizin verfügt auch im Bereich des Stimmapparates längst über einschlägige Untersuchungsmethoden, um den Leistungsumfang bzw. mögliche Belastungen oder Schädigungen zu bestimmen. Die Fachleute können heute sehr genau testen und Auskunft erteilen, ob eine Stimme im momentanen Gebrauchsstadium in der Lage ist, den stimmintensiven Beruf als LehrerIn über ein langes Berufsleben hinweg auszuüben. Ein solcher Stimmstatus erfüllt demnach vor allem folgende Aufgaben:

- Er gibt am Beginn einer stimmlichen Laufbahn Aufschluss darüber, ob man überhaupt die stimmlichen Voraussetzungen für den angestrebten Beruf mitbringt.
- Er kommt im Krankheitsfall zum Einsatz. In einem stimmintensiven Beruf können durch den Stimmstatus viel genauere diagnostische Befunde erstellt werden und die sich ergebende Therapie setzt punktgenau an.
- Prophylaxe, berufsbegleitende Sicherheit und Vorbeugung. Im stimmintensiven Lehrberuf empfiehlt sich ein regelmäßiger Stimmstatus im Abstand von drei bis fünf Jahren. Das gibt Sicherheit in Bezug auf die Einsatzfähigkeit der eigenen Stimme und ermöglicht, frühzeitig auf mögliche Veränderungen einzugehen. Die Stimme ändert sich im Verlauf der Jahre, wir machen hormonelle Veränderungen durch, z. B. in der Pubertät oder in den Wechseljahren.

Einen Stimmstatus erstellen **PhoniaterInnen**. Das sind jene FachärztInnen, die sich auf Stimmstörungen und Erkrankungen des Sprechapparates spezialisiert haben. Führen PhoniaterInnen den Test nicht in der eigenen Praxis durch, werden Sie an die phoniatrische Abteilung einer kompetenten Klinik überwiesen. Um SpezialistInnen in Ihrer Umgebung zu finden, empfehle ich unter anderem das Internet und das Netzwerk www.stimme.at.

9.2 Kriterien einer gesunden Stimme – Testmerkmale

- **Lautstärke und Belastung:** Mit einer gesunden Stimme müssen Sie in der Lage sein, mit einer Lautstärke von 80 Dezibel 20 Minuten lang zu sprechen. Diese hohe stimmliche Belastung gelingt einer gesunden Stimme problemlos.
- **Hörorgan:** Der audiovokale Regelkreis wird überprüft.
- **Stimmfeldmessung:** Sie gibt Aufschluss über die Leistungsgrenzen der Stimme und die grundsätzliche Verfassung. Mit einer gesunden Stimme kann man

einen Schalldruckpegel von mindestens 90 Dezibel erzeugen. Das ist so laut wie der „Jedermannruf" bei den Salzburger Festspielen.

Die entspannte Sprechstimme muss zur Rufstimme mit mindestens 35 Dezibel gesteigert werden können. 24 Halbtöne beträgt der Tonhöhenumfang einer gesunden Stimme.

Aus den Werten der Stimmfeldmessung ergeben sich die **Leistungsreserven** der Stimme.

- **Tonhaltedauer:** Ein O oder A kann man mit gesunder Stimme mindestens 15 Sekunden lang halten. Drei Versuche werden gemacht, die Maximalwerte dividiert und sollen einen Wert unter 1,4 ergeben. Dann ist die Stimme gesund.
- **Stimmbandschwingung:** Die Stimmlippen schwingen idealerweise in einem Muster, das einer perfekten Sinusschwingung entspricht. Das individuelle Schwingungsmuster wird mit einer Minikamera visualisiert und analysiert. Abweichungen von der Sinusschwingung deuten auf mögliche Stimmstörungen hin.
- **Spiegelung:** Der/Die ÄrztIn schaut selbstverständlich mit einem kleinen runden Spiegel in den Hals.
- **Atmung:** Der/Die PhoniaterIn beobachtet Ihr Atemmuster.
- **Körperhaltung und Körperspannung:** Der/Die ÄrztIn verschafft sich meist schon während des Gespräches einen Überblick über Haltung und Tonus. Er/Sie achtet auf Ihren Stimmklang und interessiert sich für Ihr Gesicht und Ihre Halsbewegungen während des Sprechens. Die phoniatrische Erfahrung lässt schon durch die Beobachtungen einige Rückschlüsse auf die angewendete Sprechtechnik zu.

9.3 Stimmstörungen

Stimm- und Kehlkopferkrankungen sind langwierig. Vermutlich teilen Sie die Erfahrung von Heiserkeit, das Auskurieren dauert oft wochenlang. Gerade im Lehrberuf tun Sie gut daran, Stimmstörungen frühzeitig zu erkennen. Nehmen Sie die grundsätzliche Belastung Ihres Stimmapparates ernst und reagieren Sie schnell. Achten Sie auf die Frühsymptome der weit verbreiteten „Vocal Fatigue".

- Sie fühlen sich stimmmüde.
- Die Stimme klingt hauchig.
- Die Stimme klingt heiser.
- Mehr als drei Stunden Unterricht „gehen nicht mehr": Ihre Stimme wird müde, glanzlos, klingt ermattet und schwach.
- Lautes Sprechen strengt übermäßig an.
- Der Hals kratzt.
- Sie müssen hüsteln.
- Sie müssen sich räuspern.
- Sie müssen viel oder ständig schlucken.

9. Leistungsfähigkeit der Stimme

- Sie haben das Bedürfnis, ständig einen Schluck Wasser zu trinken (austrocknen).
- Sie sind „verschleimt".
- Sie spüren ein Kloß- oder Knödelgefühl im Hals.
- Der Hals ist eng.
- Der Hals ist verspannt.
- Der Zungengrund schmerzt.
- Sie können nicht mehr alle Töne erzeugen, vor allem hohe Töne müssen gepresst und überlaut produziert werden.
- Das Kiefergelenk knackt häufig beim Öffnen oder Schließen.
- Die Stimme kippt um.

All diese Erscheinungen deuten darauf hin, dass Sie dringend Ihre Stimme untersuchen lassen müssen. Diese Symptome gehören abgeklärt. Natürlich kann das alles **auch** mit Ihrem Arbeitsstress zusammenhängen, mit einer psychisch angespannten Situation zu tun haben. Es ändert aber nichts an der Tatsache, dass der Stimmapparat medizinisch befundet werden soll. Einschränkungen der Stimme behindern Ihre Kommunikationsfähigkeit. Bedenken Sie bitte auch die Vorbildwirkung auf Ihre SchülerInnen. Ihre Halsschmerzen, Ihre Heiserkeit übertragen sich durch die interne Simulation auf Ihre jungen ZuhörerInnen.

Praxis

♥ **Faustregel:** Bei mindestens drei Symptomen der oben angeführten Liste vereinbaren Sie einen Termin beim HNO-Arzt, bei der HNO-Ärztin.
Unbedingt auf den medizinischen Prüfstand gehören:
- **Heiserkeit**, die länger als drei Tage andauert.
- **Gänzlicher Stimmverlust**, der länger als 24 Stunden dauert.

♥ **Schlucken** ersetzt Räuspern und Husten. Vor dem Räuspern sammelt sich auf den Stimmbändern Schleim an. Er wird beim Räuspern durch eine katapultartige Bewegung der Stimmbänder weggeschleudert, aber nicht wirklich abtransportiert. Die Räusperbewegung ist für die Stimmbänder strapaziös. Werden Sie sensibel für die Phase, in der sich der Schleim ansammelt. Das kann man lernen zu spüren. In diesem Stadium kann man den Schleim durch Schlucken effizienter entfernen.

♥ **Summen und Gähnen** wirken gegen Verspannungen im Kehlkopfbereich. Nachdem man die Kehlkopfmuskulatur fast nicht aktiv entspannen kann, steht uns praktisch nur der Gähnreflex dafür zur Verfügung. Gähnen Sie, fördern Sie den Gähnreflex. Auch wenn das gegen die guten Manieren verstößt. Entschuldigen Sie sich, aber nehmen Sie Ihre Stimme wichtiger. Gähnen Sie mit locker geöffnetem Mund, die Zungenspitze berührt knapp die unteren Zähne.

9. Leistungsfähigkeit der Stimme

Unterrichtstipps

* **Gähnen** ist ansteckend. Ihr Vorbild sorgt für Entspannung und mit Sicherheit auch für Stimmung zwischendurch. Eine gähnende Klasse aktiviert mit der Gähnspannung im Kehlkopf sofort jedes Zwerchfell. Dies fördert den Atem und damit wiederum die Sauerstoffaufnahme im Gehirn. Wie so oft wirkt sich auch beim Gähnen eine einzelne Übung auf den ganzen Körper und die mentale Haltung aus. Den Gähnreflex jederzeit auslösen zu können und in der Klasse in der eben beschriebenen Weise zu nützen, gehört in Ihr Basisrepertoire als stimmliches Vorbild.

9.4 Medizinische Diagnosen

Sie sind heiser oder Ihre Stimme ist eingeschränkt leistungsfähig, Sie suchen die/den ÄrztIn Ihres Vertrauens auf und sie/er wird aus klinisch-praktischen Gründen Ihre Stimmstörung als **organisch** oder **funktionell** einordnen. Natürlich wissen diese SpezialistInnen, dass es Übergänge und Mischformen gibt. Natürlich ist klar, dass gerade bei der Stimme das bio-psycho-soziale Erkrankungsmodell in weiterer Folge hilfreich bei der Behandlung ist. Aber wir brauchen einen Ansatzpunkt für die Therapie.

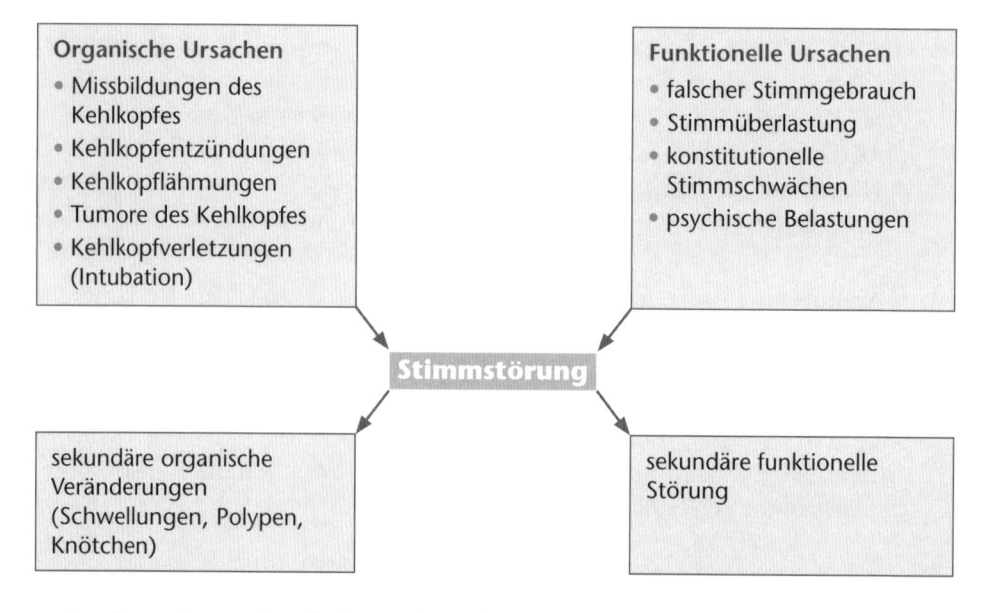

Organische Ursachen	Funktionelle Ursachen
• Missbildungen des Kehlkopfes • Kehlkopfentzündungen • Kehlkopflähmungen • Tumore des Kehlkopfes • Kehlkopfverletzungen (Intubation)	• falscher Stimmgebrauch • Stimmüberlastung • konstitutionelle Stimmschwächen • psychische Belastungen

Stimmstörung

sekundäre organische Veränderungen (Schwellungen, Polypen, Knötchen)	sekundäre funktionelle Störung

Aus lang dauernden funktionellen Abweichungen können sowohl sekundäre organische als auch sekundäre funktionelle Störungen entstehen. Die typischen „Schreiknötchen" treten meist auf, wenn die Stimme längere Zeit überlastet wird. Aber auch eine nicht mit Stimmschonung ausgeheilte, ignorierte Kehlkopfentzündung kann zu einer insgesamt schwachen Stimmkonstitution führen.

9. Leistungsfähigkeit der Stimme

Alarmierend ist in unseren Tagen die stete Zunahme der funktionellen Stimmstörungen. „Der Arzt schaut in den Hals und aufs Erste findet er nix", formuliert Dr. Berit Schneider aus Wien. Die medizinische und phoniatrische Erfahrung lässt eines mit Gewissheit sagen: Gerade funktionelle Stimmstörungen kommen nicht von heute auf morgen. Sie haben eine über Jahre dauernde, individuelle und vielschichtige Entstehungsgeschichte. Gemeinsam mit SpezialistInnen Ihrer Wahl sollen Sie Ihre Störung ganzheitlich analysieren. Nicht nur Ihre Stimme, sondern Sie als sprechende Person sollen mit der gebotenen Zeit, Achtsamkeit, Gründlichkeit und Ehrlichkeit betrachtet werden.

Ganz verschiedene Faktoren kommen als mögliche Ursachen infrage.
- **Stress**, seelische Belastungen, psychischer Druck, Überforderung und Überlastung stehen ganz oben auf der Liste.
- Eine von Geburt an eher schwache Stimm**konstitution**.
- Stimmbelastende **Gewohnheiten** wie Rauchen, das die Schleimhaut nachhaltig schädigt, „harte Getränke", die mit ihrem hochkonzentrierten Alkohol zusätzlich die Fein- und die Grobmotorik beeinträchtigen.
- **Falscher Gebrauch** der Stimme: Zu hohes Sprechen über lange Zeit verspannt den Kehlkopf dauerhaft, Stimmknötchen drohen (daher: Indifferenzlage erarbeiten).
- **Zu schnell** sprechen: Der Stimmapparat kann die dafür notwendigen Einstellungen nicht mehr exakt vornehmen. **Zu laut** sprechen im Lärm (daher: präziser artikulieren). **Zu lange** sprechen: Sechs Stunden sprechen gilt als Normalbelastung (daher: Stimmruhephasen einbauen).
- Gewohnheitsmäßiges **Räuspern und Husten** belasten den Kehlkopf ganz erheblich.
- **Medikamente** haben oft eine Nebenwirkung auf die Stimme (daher: Beipacktexte gründlich studieren).

Hilfe kommt von medikamentöser, physikalischer, chirurgischer, logopädischer oder psychotherapeutischer Therapie. Auch können mehrere Möglichkeiten kombiniert oder zeitlich nacheinander abgestimmt eingesetzt werden. Um den mehrdimensionalen Ursachen bestmöglich gerecht zu werden, arbeiten SpezialistInnen immer öfter interdisziplinär zusammen: StimmärztIn, StimmtherapeutIn, SprecherzieherIn, LogopädIn, GesangspädagogIn u. a. So kann oft durch eine Stimmschulung die Operation von Stimmbandknötchen im Anfangsstadium überflüssig gemacht werden, weil sie sich zurückbilden, wenn der Stimmgebrauch wieder ökonomisiert wird.

9.5 Stimme im Lauf der Jahre

Immer und überall auf der Welt fängt sie damit an, unsere Stimme: mit dem reflektorischen Geburtsschrei auf „Kammertonhöhe (440 Hertz)", nämlich stets mit etwa 400 bis 450 Hertz.

Von der Schreiperiode über die Lallphase gelangen wir zu den ersten Wörtern. Wir ahmen nach, was wir hören. Schon mit zwölf Monaten unbewusst auch eine krankhafte Stimme! Unsere Sprechwerkzeuge sind vorhanden und ihr Gebrauch wird nun fleißig unter dem Einfluss unserer hörbaren Vorbilder geübt.

In Kindergarten und Schule erweitert sich die Modulationsfähigkeit durch Singen und Sprechübungen. Mögliche Gefahren sind in dieser Phase zu hohes oder/und zu lautes Singen. Die Häufigkeit von Schreiknötchen bei Jungen steigt signifikant zwischen fünf und acht Jahren (Schreien auf dem Fußballplatz o. Ä.).

In der Pubertät hört man den Jungen wiederum viel stärker als den Mädchen an, was sich tut. Die hormonellen Umstellungen lassen den Kehlkopf stark wachsen, der Schildknorpel tritt als Adamsapfel hervor, die Stimmbänder verlängern sich um etwa einen Zentimeter, sie werden auch massig und schwerer. Die Stimmlage sinkt um eine Oktave. Die bisher funktionierenden Bewegungsabläufe bei der Stimmgebung kommen mit den körperlichen Veränderungen nicht mit. Die Stimme kippt oft zwischen der alten kindlichen und der neuen männlichen Stimme hin und her (Stimmbruch). Die Umstellung des gesamten Systems dauert durchschnittlich ein Jahr.

Praxis

♥ Wenn der männliche Stimmwechsel länger als zwei Jahre dauert und mit vollen 16 Jahren nicht abgeschlossen ist, können Sie davon ausgehen, dass es sich um eine Mutationsstörung handelt. Die Stimme bleibt hoch und kindlich.
Ihre pädagogische Aufmerksamkeit ist auch gefordert, wenn die Stimme zwar absinkt, aber „nicht ganz". Der Junge sieht zwar schon männlich aus, wird aber am Telefon mit „Frau XY" angesprochen. Die unvollständige Mutation ist eine häufige Ursache von Stimmproblemen im späteren Leben. Die Stimme ist ein sekundäres Geschlechtsmerkmal und muss als solches auch wirken. Sprechen Sie Ihre Beobachtung behutsam an, ziehen Sie die/den SprachheillehrerIn der Schule zu Rate und empfehlen Sie den Besuch bei einer/einem LogopädIn.

♥ Sollen Jungs im Stimmbruch weiterhin im Schulchor singen? Grundsätzlich ja, wenn die individuell eingeschränkte Stimmleistung berücksichtigt wird. Ausführlichste Informationen zu diesem Thema finden Sie in den Werken von Evemarie Haupt (2004, 2006).

Bei den Mädchen beträgt die Verlängerung der Stimmlippen nur zwei bis drei Millimeter, die Stimme sinkt um eine Terz oder Quart. Die Veränderung

9. Leistungsfähigkeit der Stimme

geschieht früher als bei den Jungen und ist wesentlich unspektakulärer. Selten kommt es in dieser Lebensphase zu einer zu tiefen Stimme durch den Einfluss von männlichen Geschlechtshormonen, was leider nicht wieder rückgängig zu machen ist (Anabolika im Sport haben oft diese Wirkung).

Zwischen 20 und 50 Jahren ist unsere Stimme am leistungsfähigsten. Zwei Oktaven Umfang hat sie üblicherweise, bis zu über drei Oktaven, wenn sie ausgebildet ist. Die hormonellen Einflüsse der Menstruation und der Schwangerschaft wirken sich auch auf die Stimme aus, Letztere meist positiv. Sängerinnen berichten von mehr Kraft und Resonanz. Die hormonellen Schwankungen verändern – kurz gefasst – den Wasserhaushalt und damit die Gewebsspannung, und das hat eine Wirkung auf die Schwingungsmechanik des Kehlkopfes.

Die zahlreichen Veränderungen des Körpers im Alter machen vor der Stimme nicht halt. Die Altersstimme klingt dünner, schwächer, spröder und brüchiger. Genauso wie unser Gewebe, wie die Hörfähigkeit nachlässt, wie die Haut trockener wird usw. Manchmal wirken alte Stimmen sehr metallisch und etwas hoch. Das Altern in stimmlicher Hinsicht muss allerdings nicht sein. Neben der individuellen Veranlagung nützen die Pflege und das Training der Stimme beträchtlich, eine ausgebildete Stimme bleibt bis ins Alter voll funktionstüchtig. Viele Beispiele gibt es aus dem Schauspielerbereich: Die Menschen werden sichtbar, aber kaum **hörbar** älter! Die trainierte Stimme altert nicht, sie reift nur.

Die tiefgreifende hormonelle Umstellung im Klimakterium beschert den Frauen weniger weibliche, dafür mehr männliche Hormone. Die Stimme wird geringfügig tiefer. Das sollte Sie als Pädagogin nicht sonderlich stören, für Sängerinnen kann dieser Umstand jedoch das Ende einer Karriere bedeuten.

Übrigens, männliche Stimmen werden im Alter höher, die wirklich greisen Stimmen von Männern und Frauen sind oft nicht auseinanderzuhalten. Man nennt das den Greisendiskant. Verstärkt wird das oft noch durch ein Alterstremolo, das typische Zittern der greisen Stimme. Gegen das Lebensende werden wir stimmlich also wieder ähnlich. So wie wir am Lebensbeginn mit derselben Frequenz losgebrüllt haben!

Unterrichtstipps

- ♥ **Säuglingsstimmen:** Lassen Sie Aufnahmen von Säuglingen durchführen. Vielleicht können Sie gemeinsam eine Säuglingsstation besuchen, Kinder verschiedener Nationalitäten aufnehmen. Im Physikunterricht können die Frequenzen bestimmt werden.

- ♥ **Alte Menschen:** Auch Tonbandaufnahmen im Senioren- oder Altersheim sind gut möglich. Wir haben solche Aufnahmen in einem Projekt mit Besuchen und Interviews bei den alten Menschen kombiniert und sie um Geschichten ihres langen Lebens gebeten. Die SchülerInnen sollen bei ihren Stimmbeobachtungen den Fokus u. a. auf das Alterstremolo legen.

10. Redekultur – To show something

10.1 Maulkörbe – Redehemmungen

„Reden lernt man ausschließlich, indem man redet." Klingt wie das Ei des Kolumbus. Der nur vordergründig banale Satz stammt aus einem Vortrag der Grande Dame der rhetorischen Schulung in Deutschland, Vera Birkenbihl. „Es steht außer Zweifel, dass die Fähigkeit zu sprechen die berufliche und persönliche Laufbahn eines Menschen in unserer Zeit ganz entscheidend beeinflusst." Dieselbe. 80 Prozent aller Menschen arbeiten in unserer Zeit in sogenannten kommunikativen Berufen. Dieser Anteil lag vor 150 Jahren bei etwa 30 Prozent. Unsere Gehalts- und Lohnzettel hängen immer mehr mit dem Einsatz unserer Sprechfähigkeit und dem Gebrauch der Stimme zusammen. Dieser Umstand betrifft die jungen Menschen, die Sie begleiten, in hohem Maß. Bei den Recherchen zu diesem Buch habe ich unter anderem zahlreiche Personen aus verschiedensten Bereichen des öffentlichen Lebens befragt, wo und wie sie denn Sprechen und Reden vor Publikum gelernt haben. Und auch, was im Verlaufe ihres Lebens die Freude am Gebrauch ihrer Stimme und ihrer Sprache beeinträchtigt hat.

Menschen kommen mit einer Stimme „im Gepäck" zur Welt. **Die Stimme gehört zur Grundausstattung des Homo sapiens**. Wenn wir von angeborenen Behinderungen absehen, beherrschen wir in Kindertagen nach einiger Zeit den Gebrauch dieses Instrumentes fast perfekt. Um in zeitgemäßen kommunikativen Begriffen zu sprechen: Wir wissen, wie unsere Stimme wirkt. Wir finden heraus, wie wir unser Instrument bedienen müssen, um damit Wirkung auf andere Menschen zu erzielen. Bereits als Babys probieren wir aus, wie man ein ganzes Haus um zwei Uhr in der Nacht kraft der eigenen Stimme hellwach bekommt. Wir experimentieren, wie man Menschen mithilfe der Stimme dazu bringt, unser Überleben (Essen, Trinken ...) zu sichern.

Wir bringen also unsere Inhalte voll tönend „hinüber" und motivieren damit andere Menschen, das zu tun, was wir gerne hätten. Ich meine das in einem durchaus positiven Sinn. Später, im beruflichen Leben, wollen wir kommunikativ im Grunde genommen dasselbe: Inhalte wohlfeil verpackt so „an den Mann/die Frau bringen", dass sich die ZuhörerInnen motiviert fühlen, auf uns positiv zu reagieren. Die Erinnerung an die Zeit, in der wir den Einsatz der Stimme beherrscht haben, bleibt glücklicherweise gespeichert!

Warum hole ich so weit aus? Viele Menschen erfahren im Verlaufe ihres Lebens eine Einschränkung ihrer stimmlichen Fähigkeiten. Sie erleiden Einschränkungen ihrer Ausdrucksmöglichkeiten. Wir bekommen sogenannte „Maulkörbe". Wir verlieren, bis wir erwachsen sind, die Freude am Sprechen vor und zu anderen Menschen. Das erleben wir im beruflichen Kontext als schmerzhaften, peinlichen Mangel. Unter Maulkorb verstehe ich beispielsweise erzieherische Sätze wie:

10. Redekultur – To show something

„Sprich nur, wenn du gefragt wirst!"
„Kinder reden nicht im Beisein von Erwachsenen!"
„Sei nicht so vorlaut!"
„Immer hast du den Mund offen!"
„Denk, bevor du sprichst!"
„Sei still!"
„Sei nicht so laut!"
„Schon wieder du!"
„Rede nicht so hastig!"
„Rede deutlich!"
„Du klingst immer so weinerlich, so aggressiv, so langweilig …"
„Sprich lauter!"
„Frauen pfeifen nicht."
„Bei uns drängt man sich nicht in den Vordergrund."

Die Liste ließe sich beliebig erweitern. Nun gehen in einem psychologischen Sinn negative Rückmeldungen über unsere Sprechqualitäten uns viel, viel näher als manch andere negative Erfahrung. Destruktive Kritik am eigenen Sprechen kränkt uns tief und nachhaltig. Wenn Ihre Kleidung jemandem nicht gefällt, können Sie sich umziehen. Wenn jemandem Ihre Stimme nicht gefällt, wertet er damit Sie als ganze Person, als Mensch, als Charakter ab. Ihre Stimme kommt von innen. Auf negatives Feedback reagieren viele denn auch mit der Entscheidung, eben nichts mehr „rauszulassen". Damit ist die eigene **Aus**drucksfähigkeit empfindlich eingeschränkt.

Viele dieser Maulkörbe gehören ins Vorschulalter und haben mit unseren ersten Bezugspersonen zu tun. Einige der Maulkörbe werden uns als Kinder und Jugendliche auch in den Schuljahren umgehängt. Es mag sein, dass Ihnen die folgenden Zeilen nicht besonders gut gefallen. Für mich ist erschreckend und traurig, dass manche Maulkörbe im schulischen Umfeld offensichtlich auch in Zeiten modernster kommunikativer Pädagogik immer noch im Gebrauch sind. Die Befragung meiner SeminarteilnehmerInnen hat ergeben, dass wir uns an die folgenden vier Situationen im schulischen Bereich besonders gut/besonders schlecht erinnern:
- der beliebte Wettbewerb „laut vorlesen, bis man einen Fehler macht" (macht unser Sprechen übervorsichtig)
- Gedichte aufsagen (Merkleistung statt schauspielerischen Ausdruck bringen)
- Referate halten (Thema vorbestimmt, wenig Eigeninteresse …)
- Vorsingen („zur Strafe", lächerlich gemacht werden)

10. Redekultur – To show something

10.2 Die Rolle des Publikums

Für eine gute neue Vortragskultur auch in der deutschsprachigen Welt tun wir gut daran, die Rolle des Publikums neu zu definieren. Der angloamerikanische und der skandinavische Raum betrachten z. B. eine Vortagssituation aus einem anderen Blickwinkel als wir. Es gibt eine Rollenverteilung. Für das Gelingen eines Referates, einer Präsentation in größerem Rahmen ist die/der Vortragende, ModeratorIn **zur Hälfte** verantwortlich. Die **andere Hälfte** der Verantwortung trägt das Publikum. Wer in diesen Ländern groß wird, wird groß in der Erfahrung, dass das Publikum mitspielt. Der wird mit Applaus begrüßt, sobald er die Bühne betritt. Damit löst sich viel Anspannung schon vor der Begrüßung. Damit ist für Stimmung gesorgt, für eine Atmosphäre, die der/dem RednerIn vermittelt: „Wir sind interessiert an dem, was du sagst, wir hören zu!" Es ist leicht nachzuvollziehen, dass man sich so bei einer Präsentation unterstützt und getragen fühlt und nicht einsam, verlassen und kritisch beäugt.

Sie haben es als PädagogIn aus meiner Sicht wirklich in der Hand, hier steuernd und verändernd einzuwirken. Von der Basis ausgehend die deutschsprachige Redekultur wieder zu korrigieren. Im kommunikativen Zeitalter langsam, aber sicher ein Gegengewicht zu heruntergelesenen Politikerreden, auswendig memorierten, geleierten PowerPoint-Folien und einschläfernden Monologen zu setzen. Wir sind extrem ausdrucksarm geworden.

Praxis

♥ **Selbstreflexion:** Wie verhalte ich mich als Teil des Publikums, wenn ich einen Vortrag besuche? Setze ich mich ganz bewusst in die ersten drei Reihen, lächle der/dem Vortragenden aufmunternd zu, wenn sie/er die Bühne betritt? Spende ich spontan Applaus, wenn mir zwischendurch etwas besonders gut gefällt? Setze ich mich abwartend in die letzten Reihen, verschränke meine Hände und warte, was da kommt? Hat mein kritisches Ohr sofort die Oberhand – beim ersten kleinen Fehler …? Muss der/die da oben erst etwas bieten, bevor ich klatsche?

Unterrichtstipps

In vielen Lehrgegenständen sind Referate mittlerweile an der Tagesordnung. Ich schildere Ihnen hier jene Strukturen, die es mit relativ wenig Aufwand ermöglichen, dass Ihre SchülerInnen positive emotionale Erfahrungen beim Referieren sammeln. Dass Sie damit einen Grundstein für viele Rednerkarrieren legen. Ganz im Sinne von Cicero: „Ein guter Redner muss seine Zuhörer … docere, movere ET delectare … belehren, bewegen UND erfreuen" (das Erfreuen unterscheidet übrigens gute RednerInnen von den erstklassigen).

10. Redekultur – To show something

* Entwerfen Sie die Rhetorikschulung als Deutsch- oder Kommunikationslehrerln gemeinsam mit den KollegInnen. Notwendig ist unbedingt, dass in **allen anderen Fächern** die Kinder zu guter Redekultur angehalten werden. „Runternudeln" gilt weder in Geschichte noch in Physik. Oft haben Kinder den Eindruck, „sie dürfen gar nicht witzig oder originell sein" – außer in Deutsch!

* **Publikumsworkshop:** Üben Sie die Rolle des Publikums in einer eigenen Lehreinheit ein. Eine/r übernimmt die Rolle der/des RednerIn. Legen Sie ihr/ihm drei, vier Probesätze in den Mund, die kann man getrost auch auf einen Zettel schreiben, sozusagen die Einleitung zu einem Referat: „Liebe Mitschülerinnen und Mitschüler, ich werde euch heute etwas über unser Hauptkommunikationsinstrument erzählen, nämlich die Stimme!"
Drei SchülerInnen machen als Kontrollgruppe eine Analyse der Stimmmelodie und der Mimik. Die/Der RednerIn soll eine kurze Übungsphase absolvieren, Präsentationshaltung einnehmen und den Text mehrmals laut für sich selber sprechen. (Sie können ihr/ihm auch eine/n MitschülerIn als Coach mitgeben.)
Die/Der RednerIn wird kurz abgeschirmt. Die Klasse als Publikum bekommt die Anleitung, sich gemütlich mit verschränkten Händen hinzusetzen und zu warten, was da kommt. Die/Der RednerIn tritt auf und referiert den Text.
Die/Der RednerIn wird wieder weggeschickt. Anleitung an das Publikum: Wenn sie/er wieder auf die Bühne geht, richten wir uns auf, klatschen und lächeln ihr/ihm ganz bewusst zu. Wir feuern sie/ihn mit dem Applaus gleichsam an. Die/Der RednerIn tritt unter tosendem Applaus auf und referiert den Text.

Reflexion: Die Klassendiskussion unter Einbeziehung der Kontrollgruppe zeigt üblicherweise ein klares Ergebnis. Wenn das Publikum mitspielt, geht es der/dem RednerIn besser. In wohlwollender Atmosphäre redet es sich leichter.
Wie hat sich die/der RednerIn beim ersten und beim zweiten Durchgang gefühlt?
Wie erlebte die/der RednerIn das Publikum? Freundlich oder feindlich?
Welche stimmlichen und körpersprachlichen Veränderungen sind wahrnehmbar?
Wie ging es dem Publikum?
Woher kennen wir solche Anfeuerungssituationen am Beginn? (Popkonzert, Fußballmatch …)
Warum getrauen wir uns nur in großen Gruppen zu klatschen, trampeln, johlen? Wäre das nicht für jede/n RednerIn ein guter Einstieg?
Wann wird es zu viel?
Anwendung/Transfer: In diesem Schuljahr werden alle ReferentInnen in allen Fächern mit Auftrittsapplaus motiviert.

10.3 Redefreude stärken – Ausdrucksmöglichkeiten schaffen, üben, erweitern

Was wir oft tun, tun wir „wie geschmiert". Was wir „wie geschmiert" tun, tun wir gerne. Was wir gerne tun, tun wir oft. Was wir oft tun, wird immer besser … Dies ist eine Spirale, die sich nach oben hin entwickelt. Je öfter wir SchülerInnen in diese Spirale hineinhelfen, sie hineinfordern, umso höher die Chance, dass sie im Erwachsenenalter keine Angst mehr davor haben, vor einer kleinen oder größeren Gruppe „mal schnell ein paar Worte zu sprechen".

Damit rüsten wir sie für diverse Anlässe im privaten Kreis, wie Geburtstags-, Hochzeits-, Sponsions-, Gratulationsansprachen. Und für kurze Statements, Toasts, Buffeteröffnungen, Grundsteinlegungen, Spatenstiche …, was ein berufliches Leben oft so mit sich bringt. All die Anlässe, bei denen es nett und gewünscht ist, einige freundliche, motivierende Worte zu hören. Unsere SchülerInnen sollen solche Kurzstatements als völlig normal, unspektakulär und unprätentiös in ihrem Leben begegnen. Wenn sie das über mehrere Jahre hindurch gewöhnt sind, ist es für sie selbstverständlich.

Unterrichtstipps

✱ **Anmoderation mit dem PUTHEN-Modell:** Lassen Sie jedes Referat – gleich in welchem Gegenstand – stets von einer/einem MitschülerIn „anmoderieren". Das bedeutet: Jede Referentin bekommt einen Moderator zugeteilt, der in **maximal drei bis fünf Sätzen** zu dem Referat und seinem Thema hinleitet. Dazu führen die beiden vorab ein selbst organisiertes kurzes Gespräch, in dem die Referentin sagen kann, wie sie das Thema kurz anmoderiert haben möchte. Der Moderator stellt das dann in eigenen Worten zusammen. (Natürlich gelten die beiden Rollen sowohl für Mädchen wie Burschen.)

Anfangs eignet sich ein Modellzettel gut, den Sie mit der Klasse im Vorfeld unter dem Thema „Unsere Redekultur" entwerfen können. Er soll immer enthalten:

Eine **PU**blikumsbegrüßung/Anrede: „Liebe Mitschülerinnen und Mitschüler/ Liebe Klassenkameraden/Hallo miteinander/Geschätzte Mitglieder der 4b … High Fellows!"

Das **THE**ma selbst: „Im heutigen Referat werden wir etwas über ein Körperorgan erfahren, das jeder von uns besitzt, das immer arbeitet, auch wenn wir schlafen … und manchmal spüren wir es bis zum Hals, obwohl es dort nicht sitzt: unser Herz."

Die **N**amen (Vor- und Zuname) der Rednerin: „Eingearbeitet hat sich in dieses Thema … unsere N. N./Als Herzspezialistin erlebt ihr N. N./Viele Facts zusammengetragen hat für uns N. N. …"

Anwendung/Transfer: Fächerübergreifendes Projekt. Sämtliche Referate u. Ä. eines Schuljahres werden in so vielen Fächern wie möglich „anmoderiert".

10. Redekultur – To show something

Moderationskärtchen PUTHEN-Modell

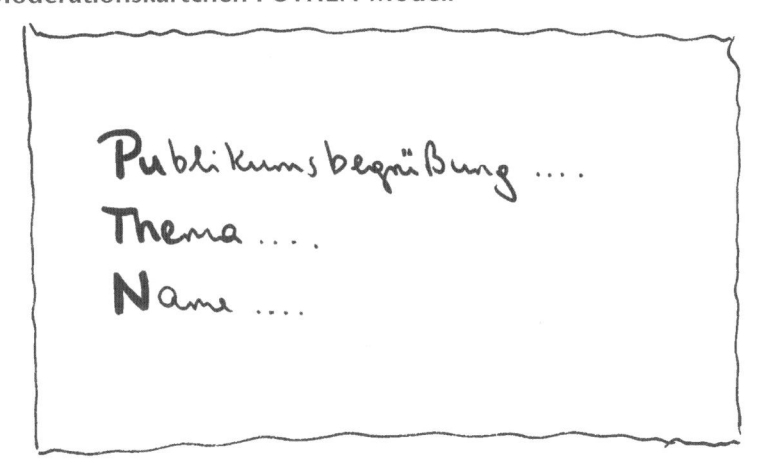

> Publikumsbegrüßung ....
> Thema ....
> Name ....

* **Begrüßungssammlung:** Tragen Sie beim Entwerfen des Modellzettels mit Ihrer Klasse mindestens 20 verschiedene Formulierungen für die Begrüßung und die Namensnennung zusammen. Lassen Sie auch ungewöhnliche Formulierungen zu. Ergänzen Sie die Liste im Lauf des Jahres. SchülerInnen können sich von Rundfunk- und FernsehmoderatorInnen Formulierungen „abgucken", adaptieren und selber verwenden. Am Anfang ist es gut und sicher, auch von anderen Menschen „abzuschauen", vor allem von Profis. Das macht bewusst, welche Formulierungen gängig sind, und hilft vor allem Kindern, die sich mit dem „frei Formulieren" eher schwertun! Jede/r ModeratorIn kann sich damit wie ein Puzzle einfach eine Formulierung zusammenstellen. Mit diesen Bausteinen werden Kurzansprachen abwechslungsreich und leicht.

Der Modellzettel kann im Informatikunterricht als Dateivorlage zum Ausdrucken in der Größe einer Moderationskarte erarbeitet werden. Diese Karte darf die/der ModeratorIn selbstverständlich in der Hand halten und benützen!

Info: Alle guten RednerInnen haben „Baukastensysteme" für Formulierungen im Kopf, die ständig erweitert werden.

* **Verbindende Worte/Moderationsfähigkeit:** Einen guten Grundstein für meine eigene Tätigkeit als Moderatorin und meine Bühnenpräsenz hat meine ehemalige Musikprofessorin gelegt, als ich im Alter von 12 bis 18 Jahren Mitglied unseres Schulchores war. Kein Konzert vor den Eltern, kein Auftritt im Altersheim, kein Singen bei schulischen Veranstaltungen, bei dem sie nicht aus unseren Reihen eine/n ModeratorIn bestimmt hätte. Stets hatte eine/r von uns die Aufgabe, von einem Lied zum anderen mit drei Sätzen überzuleiten.

10. Redekultur – To show something

Das Ganze war natürlich schriftlich vorzubereiten, und sie ging mit uns und manchmal sogar der ganzen Chorgruppe die Formulierungen durch. Sie gab sehr hilfreiche Impulse, die als Basis bis heute beim Vorbereiten von Überleitungen brauchbar sind. Nicht nur: „Das war das Lied XY, wir kommen jetzt zu YZ." Nein, sicher nicht. Sie hielt uns an, wenigstens eine Liedzeile zu zitieren, eine allgemeine Aussage über das Thema des Songs anzuführen, eine persönliche Assoziation dazu zu erläutern, sich vorzustellen, wie die ZuhörerInnen mit dem Inhalt vielleicht verbunden sein könnten.

Statt: „Der Schulchor singt für Sie nun ‚We are the world' von Band Aid" zum Beispiel: „Das nächste Lied ist für viele von Ihnen schon ein Ohrwurm. Es wurde geschrieben und aufgenommen, um jenen auf dieser Welt zu helfen, denen es nicht so gut geht. Die beteiligten Sängerinnen und Sänger sind der Meinung, dass wir mit allen Menschen verbunden sind: ‚We are the world.'"

Mein Zeichenlehrer, der oft mit Musikerziehung zusammenarbeitete, förderte eine andere Art von Auftritt: Bei jeder Exkursion einer Schulklasse oder Schulgruppe in Firmen, Institutionen etc. war wechselweise eine/r von uns angehalten, sich bei den GastgeberInnen in Form einer Minirede zu bedanken. Auch dafür gab es einen Stichwortzettel: Klasse, Datum, Firma, **ein** ganz konkreter Punkt, was wir erlebt, gelernt, erfahren hatten, Dank, Klassenapplaus.

Etwa: „Die 1a-Klasse des Gymnasiums Herzogstraße bedankt sich bei Ihnen sehr herzlich dafür, dass Sie uns in Ihrer Firma Betten Meier gezeigt haben, wie man in Polster und Decken die Füllung hineingibt, auf der wir jede Nacht schlafen." – Und sprechen musste nicht nur immer der Klassensprecher!

Ich habe beide Übungen mit einer Klasse, die ich über vier Jahre begleitet habe, selber wieder angewendet. Selbst die ganz Introvertierten waren in der Lage, sich fehlerfrei und ohne Scheu für fünf Sätze vor eine größere Gruppe hinzustellen. Gar nicht zu erwähnen, dass sich die ganz Talentierten nach einiger Zeit zu echten „Showtalenten" mauserten.

Zu Ihrer eigenen Fort-, Aus- und Weiterbildung lege ich Ihnen dringend nahe, etwa alle fünf Jahre einen **Rhetorikkurs** zu besuchen, und zwar in einer Institution, die Personen aus der Wirtschaft fortbildet, oder in einer Business-Akademie. Auch Rhetorik, Vortragsgestaltung und Präsentationstechnik unterliegen dem Wandel. Sie beziehen vermutlich neue technische Details mit ein, aber auch die Art und Weise, wie wir vortragen, ändert sich. Hier veraltet manches. Das erleben Sie in Ihrem Fachgebiet, im Bereich der Pädagogik muss man ebenfalls mit der Zeit gehen. Der sich wandelnde Anspruch an DozentInnen und Lehrkräfte lässt sich meiner Meinung nach am schnellsten und nachhaltigsten „anschauen", wenn man sich selbst außerhalb des schulischen Systems darüber informiert.

Zum Thema Rhetorik informiert außerdem eine schier unglaubliche Vielfalt an Büchern. Gewisse Grundsätze verändern sich nie. Zu den Konstanten gehören ein gutes Aufbaumodell und einige Überlegungen im Vorfeld bzw. in der

10. Redekultur – To show something

Nachbereitung. Zu den sich wandelnden Faktoren gehört zum Beispiel der Einsatz von Gestik und Körperbewegung. Beides gilt es, den Kindern zu vermitteln.

Unterrichtstipps

* **Was sich das Publikum merken soll:** Legen Sie wiederum einen Merkzettel an, den jede/r ReferentIn vor einem Referat ausfüllt. Welche drei Punkte, Sachverhalte, Zusammenhänge sollen meine ZuhörerInnen nach dem Vortrag im Gedächtnis behalten? – Wichtig ist die klare Zielsetzung und anfangs die Beschränkung auf drei Hauptpunkte. Diese Übung verhindert, einfach ins Blaue hineinzureden. Sie hilft, sich auf Wichtiges zu konzentrieren. Wer vom Ziel nichts weiß, wird den Weg nicht finden. Das gilt auch rhetorisch. Dieser Zettel/Karte wird bei Ihnen abgegeben oder bei einer/m „ReferatsbetreuerIn", die/der in der Nachbereitung der/dem ReferentIn zur Seite steht.

* **Was ich mir wirklich gemerkt habe:** Auf der Merkkarte der ZuhörerInnen stehen diese Fragen mit drei leeren Zeilen. Jeweils am Ende des Referates (noch besser erst kurz vor Ende der Stunde) werden diese Karten ausgefüllt, von Ihnen oder der/dem ReferatsbetreuerIn eingesammelt und überprüft (möglicherweise in einer Tabelle erfasst und ausgewertet). Die/Der ReferentIn bekommt eine Rückmeldung über die Inhalte, die „rübergekommen" sind.

* **Bilder:** Allein dieses Stichwort könnte Bände füllen. Animieren Sie Ihre SchülerInnen – so bald wie möglich und immer wieder –, Bilder, Vergleiche, Gleichnisse, bekannte Tatsachen mit dem Neuen zu verbinden, um so die Referatsinhalte auch im Merkhirn ihrer ZuhörerInnen zu verankern. So wie Sie selber das für den Unterricht gelernt und vermutlich auch internalisiert haben. Werden Sie sich Ihrer eigenen Fähigkeit, in Bildern zu sprechen, wieder sehr bewusst. Alle guten PädagogInnen haben die Sprache der Bilder automatisiert. Greifen Sie für das Thema „Redeschulung" ganz bewusst auf Ihren eigenen Fundus zurück, besinnen Sie sich Ihrer Stärken. Motivieren Sie Ihre SchülerInnen dazu, selber so oft wie möglich Bilder einzusetzen. Verbale Bilder und greifbare! Fördern und fordern Sie das, damit die Referate nicht nur runtergeleierte Facts sind, sondern tatsächlich nutzbares Wissen. Jeremias, der Sohn einer Trainerkollegin, referierte mit elf Jahren über das Herz (Partnerreferat). Er demonstrierte das Gewicht eines durchschnittlichen Herzens mit drei Schokoladetafeln (300 Gramm)!

* **Einstiegsfragen:** Worauf Sie besonders achten können, weil es den Kindern ihre Referentenrolle erleichtert und das Kontaktverhalten fördert, ist der Einstieg als Frage. Auf eine rhetorische Frage reagieren die ZuhörerInnen im Normalfall persönlich angesprochen und bauen von sich aus über die (gedachte oder körpersprachlich ausgedrückte) Beantwortung der Frage eine spürbare, interessierte Verbindung zur/zum Sprechenden auf.

10. Redekultur – To show something

Statt: „Ich werde euch heute etwas über die Zähne erzählen" ist hilfreicher: „Wer von euch hat zu Hause eine Zahnbürste?" (ZuhörerInnen nicken oder dgl.) Sollte – weil die Klasse noch „schläft" – die Zustimmung ausbleiben, wird die/der SprecherIn ermutigt, das Echo der Klasse aktiv einzufordern: „Gebt ihr mir bitte ein Handzeichen, wer von euch eine Zahnbürste hat?"
Diese Situation des aktiven Einforderns können Sie jedes Klassenmitglied im Trockentraining einmal ganz bewusst erleben lassen. Leiten Sie das Publikum an, einmal nicht zu reagieren, ein weiteres Mal sofort zu reagieren. Reflektieren Sie den Unterschied. Je nach Persönlichkeit helfen Sie den Kindern damit, eine gute Verbindung zu den ZuhörerInnen aufzubauen und auch auszuhalten. Manche bekommen die Reaktion sofort, manche müssen nachsetzen. Wichtig ist nur, dass die Kinder nach einer nicht sofort erhaltenen Reaktion dranbleiben an den HörerInnen und sich nicht zurückziehen und einfach weiterreden.

Reflexion: Auch später wird es HörerInnen geben, die sofort „da" sind, und man wird mit Gruppen zu tun haben, die nicht so schnell reagieren. Da muss man mit aktivem Nachfragen oft auch mehrmals den Kontakt „einfordern".

* **Auflockerung:** Ermutigen Sie die RednerInnen, ihre Referate mit Zitaten, Vierzeilern, Gedichten, Sprüchen, Humorigem, Kabarettistischem, Songzeilen und Ähnlichem zu ergänzen. Das lockert Hardfacts immer auf und bringt Abwechslung. Auch für Referate in Fremdsprachen kommt dies infrage. Das Internet bietet gerade dafür eine schier unerschöpfliche Quelle zu zahlreichen Themen.
Sinn und Ziel ist neben der Auflockerung auch die Erkenntnis, dass Zitate u. Ä. oft in wenigen Worten ganz viel ausdrücken können. Dass ein lockerer Spruch in einer Zeile oft das gesamte Thema stimmungsmäßig erfasst. Das Vortragen von Zitaten, witzigen Sprüchen … wird natürlich vorher geübt – richtige Betonung, Pause etc.

Reflexion: Was bringt das? Eben Auflockerung, ein Lachen zwischendurch, einen Moment des Entspannens, eine gute Verknüpfung im Gehirn, besseres Merken mit „Witz". Jedes Referat enthält ab jetzt **eine** Auflockerung.

* **Lampenfieber-Workshop:** Eine ganz feine Sache und eine lustige Einheit ist der Lampenfieber-Workshop. Er soll den ReferentInnen diese merkwürdige Erscheinung vor Sprechbeginn bewusst machen und überwinden helfen.
Gruppen von ca. sieben SchülerInnen einteilen. Jede Gruppe erstellt drei Listen/Spalten: Welche Symptome kennzeichnen diesen aufgeregten Zustand des Lampenfiebers? Jede Spalte erhält etwa 10 bis 15 Eintragungen. Geben Sie die Anzahl bitte vor.

10. Redekultur – To show something

- Körperliche Symptome/Wie es sich körperlich zeigt: kalte Hände, schweißige Hände, nervöses Herumnesteln an Kleidung oder Haaren, oft aufs WC laufen …
- Geistige Symptome/Was wir denken: Warum tue ich mir das an? Hilfe! Mama! Warum ich? Ich lauf davon!
- Seelische Symptome/Was wir fühlen: Angst, Panik, Ungeliebtsein, Einsamkeitsgefühle, Versagensängste …

Nachdem die Listen erstellt sind, bekommen die Gruppen als nächsten Schritt die Aufgabe, diese Symptome in einem Rollenspiel, einer kleinen Show, einer kurzen Theateraufführung darzustellen. Geben Sie zum Vorbereiten, Einstudieren, Proben eine Zeit vor (etwa 15 Minuten). Ideal ist, wenn jede Gruppe dafür einen eigenen kleinen Raum hat. Aber es geht auch – etwas leiser –, wenn alle Gruppen in der Klasse bleiben. Es werden nur wenige Utensilien verwendet, dargestellt werden kann pantomimisch oder mit Worten.

Dann kommen die Aufführungen, nacheinander, mit viel Applaus. Thematisch werden sie einfach unkommentiert gelassen. Meist kommt die ganze Kreativität der SchülerInnen zutage und alle können natürlich auch ihre eigenen Symptome in dieser Situation gut zulassen.

Reflexion und Transfer:

Sie geben nachher – auf einem evtl. schon vorbereiteten, aber noch unsichtbaren Tafelbild/Folie – einige Erklärungen:

- Lampenfieber (LF) ist unangenehm, ÄrztInnen würden euch beim Auflisten solcher Symptome in die Klinik bringen. – **Aber** LF ist nicht tödlich. Ihr habt alle LF-Situationen eures Lebens überlebt!
- Lampenfieber haben andere auch. (Lesen Sie in Biografien von SchauspielerInnen oder SängerInnen nach. Tragen Sie ein Beispiel vor. Sie finden sicher eins aus dem Interessenbereich Ihrer Klasse.)
- Lampenfieber erhöht die Wachsamkeit und die Konzentration, das ist wichtig für ReferentInnen!
- LF dauert nicht ewig! Nicht einmal bis zum Ende des Referates!
- LF merkt das Publikum oft gar nicht oder viel weniger, als man selber glaubt!
- Wenn es altersadäquat passt: Bei jedem Rendezvous haben wir anfangs auch solche Symptome. UND: Niemand ist wegen dieser Erscheinungen zu Hause geblieben. Also: **Reden wir trotzdem und mit Lampenfieber.**

10.4 Kontaktverhalten

Szene 1: Eine Klasse mit drei Lehrpersonen auf Wandertag. Zwölfjährige. Jungen und Mädchen. Einkehr in einem Wirtshaus, es regnet leicht. Die LehrerInnen, ein Mann, zwei Frauen, an einem Tisch, die SchülerInnen an zwei anderen Tischen verteilt. Ich bin Zaungast an einem der Nebentische. Der Regen verstärkt sich, die Klasse kann nicht weiter, den Kindern wird nach der Mahlzeit langweilig. Die Jungen beginnen, mit ihren leeren Trinkflaschen „Ball" zu spielen, sie werfen die Flaschen quer über die Tische, stehen dabei auf, es wird ziemlich laut. Nach geraumer Zeit erhebt sich der Lehrer, geht langsam auf die Kindertische zu. Er schlurft mehr, hat die Hände in den Jeanstaschen, stellt sich ziemlich lässig hin und fragt mit monotoner Stimme: „Haltet ihr für klug, was ihr hier tut?" Dreht sich um und wandert gemächlich zu seinen Kolleginnen zurück.

Szene 2: Eine Klasse samt zwei Lehrpersonen und einem Integrationskind im Rollstuhl bei einem Lehrausgang in eine Falknerei auf einer Burg. Zur Einführung bekommen die Kinder gemeinsam mit anderen BesucherInnen ein kurzes Video in einem Raum mit Kinobestuhlung angeboten. Das Kind im Rollstuhl sitzt außen neben der ersten Sesselreihe, genau daneben eine Lehrperson. Der Film läuft an, die Kinder schwätzen ununterbrochen weiter und der Lärmpegel steigt. Die Lehrerin neben dem Kind in der ersten Reihe dreht ihren Kopf halb nach hinten, murmelt „Pssssssst!" und wendet sich wieder nach vorne.

In beiden Fällen hat es mich zwar geärgert, aber keinesfalls gewundert, dass die Reaktion der Kinder auf die Botschaft der Lehrpersonen gleich null war. Natürlich können wir nun eine Diskussion über die Autorität der PädagogInnen führen. Lassen Sie mich lieber eine sprech- und stimmtechnische Analyse vornehmen. In beiden Situationen haben die sprechenden Personen gegen ein ehernes Gesetz wirkungsvoller Sprechkommunikation verstoßen: Sie haben weder Kontakt zu ihren HörerInnen aufgebaut noch ihn gehalten noch das Ankommen ihrer Botschaft überprüft. „Wie wir in den Wald hineinrufen, so kommt es zurück." In diesen Fällen gar nicht.

Voice by Intention

Jede wirkungsvolle Äußerung muss von einem Impuls, einer Absicht getragen werden: „Ich will jemanden erreichen." – Jeder Ton muss von einer Idee gesteuert werden: „Meine Botschaft soll ankommen." – Jede Stimmgebung muss eine Distanz überwinden wollen. – Jede Lautgebung braucht einen emotionalen Impuls von innen nach außen. – Kurzum: Wir müssen uns stets komplett kommunikativ „auf Schiene setzen". Dann kommen wir an.

Ich nenne das „Voice by Intention". Unsere seelisch-mental-körperliche Gesamthaltung soll ein auf die/den PartnerIn ausgerichtetes Übertragen von Informationen sein. Ich bekenne mich ganz klar zu der Aussage von Horst Coblenzer, die er in einem Seminar pointiert formulierte: „Nicht, wie schön rufe ich, ist wichtig, sondern ob ich ein Echo habe." Daraus entsteht ein **Dialog** mit der/dem AdressatIn.

Alles andere ist ein Monolog, ein mechanisches Abliefern von Botschaften, ein selbstbezogenes Tönen, Sprechen, Singen oder Präsentieren, mit dem wir HörerInnen nicht wirklich erreichen.

Die Intention ist nun nicht nur eine mentale bildliche Vorstellung, sondern tatsächlich eine Leistung des zentralen Nervensystems, eine Art „Multitasking-Fähigkeit" unseres Organismus. Nämlich das gleichzeitige Aufnehmen – Verarbeiten – Reagieren auf Reize (Sinneseindrücke).

Die Intention stellt sich in Gefahren- und/oder Leistungssituationen von selbst ein. Ein gutes Beobachtungsfeld sind Kampfsportarten mit direkter Gegnerbeteiligung: Tischtennis, Tennis, Boxen, Fechten, Judo – federndes Muskelspiel des ganzen Körpers – ständige Aufmerksamkeit – unablässige Reaktionsbereitschaft – ausweichen – verteidigen – Gegenangriff setzen. Alle diese Abläufe geschehen „gleichzeitig".

Auch ein guter Unterricht, ein Vortrag, eine Präsentation, eine Unterhaltung ist gekoppelt mit dieser durchgehenden Aufmerksamkeit. Klar kann man auch mit aufgesagten Floskeln Konversation betreiben oder Texte auswendig abspulen – aber das Zuhörerinteresse schwindet.

Ein anderes Bild für diese Intention finden wir bei Wettkämpfen gegen die Zeit: Jeder Sprinter muss mit voller Anstrengung **über** die Ziellinie hinaus laufen. Ball- oder Speerwurf, Kegeln und Bogenschießen vermitteln den gleichen Eindruck: Nach dem Loslassen des Balles, der Kugel, des Pfeiles wartet der Werfer wie selbstverständlich ab, bis das Geschoß sein Ziel erreicht hat. Ein schlechter Kegelspieler, der nicht gespannt wartet, wie viele Kegel umfallen ...

Mechanisch vs. intentional: Unterscheiden lernen

Bücken Sie sich einige Male mit nach vorne ausgestreckten Händen, wie man einfach einige Kniebeugen macht. Atmung beobachten, Tempo der Bewegung, Konzentration. Bücken ist einatmen, Aufrichten ausatmen.

Bücken Sie sich dann in der Absicht, eine vor Ihnen auf dem Boden liegende Büroklammer aufzuheben: Büroklammer sehen, entscheiden, sie aufzuheben. Einleiten der muskulären Bewegungen. Tiefere Einatmung, Bewegung konzentriert, langsamer beim Angreifen der Klammer ...

Die Intention als Steigerung der Aufmerksamkeit führt körperlich zu dem erwünschten leicht erhöhten Muskeltonus und einer positiven Wirkung auf die Einatemtendenz (läuft von selbst). Physiologisch funktionieren wir optimal und mit besten Voraussetzungen für wirkungsvolle Kommunikation. Intention ermöglicht Sprechen über lange Zeit, ohne dabei zu ermüden.

Nun sind wir ganz auf das Ziel eingestellt, nämlich „Ping" so zu sprechen, dass klar ist, wir erwarten ein „Pong". Probieren Sie es aus. Wir sprechen anders, wenn wir auf ein Echo aus sind.

10. Redekultur – To show something

Echo-orientiertes Sprechen – Dialog statt Monolog

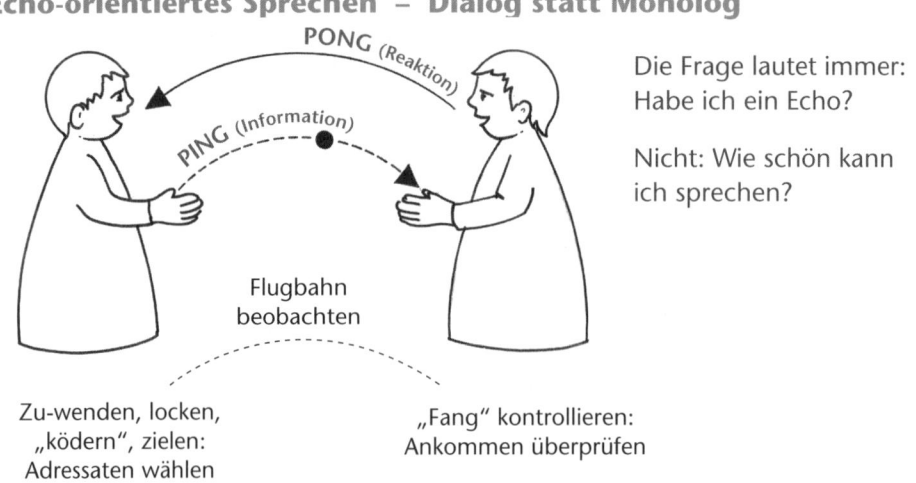

PONG (Reaktion)
PING (Information)
Flugbahn beobachten

Die Frage lautet immer: Habe ich ein Echo?

Nicht: Wie schön kann ich sprechen?

Zu-wenden, locken, „ködern", zielen: Adressaten wählen

„Fang" kontrollieren: Ankommen überprüfen

Falls Sie diese Information an Ihre SchülerInnen weitergeben möchten, können Sie die Grafik unter http://beruf-lehrerin.veritas.at downloaden.

Das Thema der Intention bzw. des Kontaktverhaltens liegt mir persönlich besonders am Herzen. Ich begegne hier einer der häufigsten „Berufskrankheiten", wenn man lange in einem Metier tätig ist. Das „Abliefern" schleicht sich ein, die Monologe werden zahlreicher. Wir werfen Bälle (Botschaften) nur mehr in die Runde, ohne uns zu vergewissern, ob sie im Moment des Zuhörens auch gefangen werden. (Das überprüfen wir mit einem Test von Zeit zu Zeit …)

Je länger man vor Klassen spricht oder auch je öfter man über ein bestimmtes Sachthema schon erzählt hat, umso öfter kann es vorkommen, dass wir keinen Kontakt mehr mit den HörerInnen haben. Im pädagogischen Umfeld ist das fatal: Wir bemerken es oft nicht mehr, da die SchülerInnen den Stoff so oder so behalten müssen – weil wir sie ja kraft unseres Amtes später darüber prüfen werden.

Der klassische Monolog mit „Machteffekt" ist die Uni-Vorlesung, zumindest jene aus früheren Zeiten. Eine/r spricht, lässt uns beim Sprechen zuschauen, ohne Kontakt zu uns zu haben. Egal, ob Zuhören spannend oder mühsam ist, wir werden nachher für das Replizieren des Stoffes benotet. Also **müssen** wir uns irgendwie bequemen, auch Monologe über uns ergehen zu lassen. Positive Gefühle erweckt das nicht. Grundsätzlich darf über den typischen „Lehrerton", der die Note des „Belehrens mit Zeigefinger" enthält, angemerkt werden, dass er den Kontaktaufbau nicht sehr unterstützt.

Konkrete Anzeichen dieser „Betriebsblindheit" sind:
- das subjektive Gefühl, nicht gut anzukommen.
- Sätze/Erklärungen für die ganze Klasse mehrmals wiederholen zu müssen.
- Die Stimme bricht kurz vor einer Sprechpause weg, sie „bröselt", „zerfleddert" am Ende einer Phrase, sie trägt nicht durch. (Der Ball landet zu weit weg von den HörerInnen, vor ihren Füßen …)

10. Redekultur – To show something

- Sie können keine körpersprachlichen Reaktionen Ihrer SchülerInnen schildern, weil Sie die Reaktionen (Nicken, Augenzwinkern, Kopfschütteln …) in den Sprechpausen nicht mehr abwarten.

Natürlich hängen manchmal der Kontakt und das eigene Kontaktverhalten von der Tagesverfassung ab, da gebe ich Ihnen recht. Aber hier geht es nicht um unsere „müden Tage", die wir alle als Vortragende kennen. Hier geht es um eine grundsätzliche Einstellung beim Sprechen. Hier geht es um eine bewusste Wahrnehmung der Empfindungsunterschiede zwischen mechanischen Abläufen und intentionalen Vorgängen. Das Aktivieren der intentionalen Einstellung kann geübt und natürlich automatisiert werden.

Praxis

♥ **Selbstreflexion:** Deshalb für alle, die noch nicht lange als PädagogIn tätig sind, die Bitte: Schulen Sie sich selbst gut und frühzeitig im Kontaktaufbau. Somit rüsten Sie sich für ein langes Unterrichtsleben. Die automatisierte Intention trägt Sie dann auch gut über die Krisen Ihrer Tätigkeit.
Für jene unter Ihnen, die schon lange unterrichten: Überprüfen Sie selbstkritisch vor allem im Bereich, wo Sie zu Erwachsenen sprechen, ob und wie gut Ihre Intention ausgeprägt, wie stabil Ihr Kontaktverhalten ist. (Elternabend, Sprechtage, Sprechstunden, Freundeskreis …)

Praxis & Unterrichtstipps

Die Übungen haben zum Ziel, das körperliche Empfinden für den Unterschied zwischen mechanisch und intentional zu stärken.

♥ ✱ **Händeschütteln** beim Begrüßen: Paarweise die Hand geben. Zuerst den sog. „laschen Händedruck" – sehr weich und schlaff. Dann in bewusster Absicht, einen Freund, eine Freundin zu begrüßen.

Reflexion: Beim zweiten Händeschütteln sind wir als ganze Person viel mehr beteiligt, weil wir die Begrüßung ernst nehmen.

♥ ✱ **Fingerspitzengefühl:** Paarweise mit SitznachbarIn in Stille ausführen. Die Kinder bleiben vor ihren Pulten sitzen. Die Pultfläche soll ganz frei geräumt sein. Ein Kind schließt die Augen. Das andere legt einen kleinen Gegenstand aus dem Federpennal (Radiergummi, Spitzer …) leise irgendwohin auf den Tisch. Das Objekt soll im Sitzen in Reichweite sein.
Bei einem ersten Versuch patscht das Kind mit seinen Händen einfach auf dem Tisch herum. Es wird auf eine eher grobe Art und zufällig auf den Gegenstand greifen. Bei einem zweiten Versuch tastet es vorsichtig die Tischplatte ab, der gefundene Gegenstand wird befühlt (Größe, Temperatur, Beschaffenheit).

10. Redekultur – To show something

Reflexion: Der zweite Versuch ist mit viel mehr Fingerspitzengefühl, mit präziserer Beteiligung der Muskeln und mit mehr Einatemluft verbunden. Ziel ist es, diesen körperlich-geistigen Zustand immer wieder bewusst einsetzen zu können.

♥ ✳ **Auszählreime:** Als kleine Kinder sind wir alle MeisterInnen darin, auf unsere KommunikationspartnerInnen einzuwirken, sie zu einem Echo zu veranlassen. Die Konzentration, mit der Kinder Auszählreime zu ihren FreundInnen sprechen, ist dafür eine Bilderbuchsituation. Jeweils nur ein/e AdressatIn bekommt eine Silbe, aber gleichzeitig sind alle aufmerksam und die/der SprecherIn hat die Reaktion der/des Angesprochenen im Auge. Sie/Er spricht erst weiter, wenn die Silbe angekommen ist. Sie/Er ist ganz bei sich, hat aber so viel Wohlfühlspannung, dass sie/er auch „im Außen" sein kann, bei den anderen.
Wenn Ihre SchülerInnen noch zu bewegen sind, Auszählreime zu sprechen, und sich nicht zu kindisch dabei vorkommen, ist das ein wunderbares Beispiel, an dem man partnerbezogenes Sprechen studieren kann.

♥ ✳ **Sportunterricht:** Sowohl das Beobachten als auch das selbst Ausführen der oben erwähnten Sportarten ist hilfreich.
Alle Ballspiele mit Zuwerfen und Zielkontrolle stärken das Gefühl des „Rüberkommens". Einfache paarweise Wurfwechsel werden mit wechselweisem Zurufen der Namen, des Alphabets, der Zahlenreihe kombiniert. Während des Fluges wird gerufen. Anfangs stehen sich die PartnerInnen gegenüber, später bewegen sie sich auch langsam durch den Turnsaal. So können Gedichte, kleine Verse zeilenweise mit Ballbegleitung einander zugerufen werden.

♥ ✳ **Balancieren und Sprechen:** Da kann man nicht einseitig bleiben. Man muss ganz bei sich sein und gleichzeitig bei den ZuhörerInnen.
Einen Bleistift auf der Fingerspitze balancieren und dabei das Alphabet sprechen.
Im Turnsaal kann man einen dünnen Stab auf der Handfläche balancieren lassen, langsam dabei gehen und auch wieder das Alphabet sprechen. Wenn mehrere gleichzeitig unterwegs sind, erschwert und vertieft das die Aufgabe.

10. Redekultur – To show something

Ankommen üben

Praxis & Unterrichtstipp

♥ ✳ **Anpeilen** – die „Breitung" und das Arbeiten mit dem Raumschall. Das ist eine Übung, die die Einstellung für das Ankommen fördert und überprüfbar macht. Sie können sie mit einigen KollegInnen oder FreundInnen machen, die SchülerInnen führen sie in einem größeren Saal durch. Startgruppen von fünf bis sechs TeilnehmerInnen bilden. Jede/r bekommt einmal die Rolle des Sprechers. Ein Probesatz wird festgelegt (für alle dieselbe Verszeile o. Ä.).
Dem Sprecher gegenüber stehen im Abstand von ca. drei Metern alle anderen in einer Reihe hintereinander. Vom Sprecher aus gesehen hat dieser sozusagen nur **einen** Zuhörer/Adressaten. Er sagt seinen Probesatz und bekommt eine Rückmeldung von der ersten Person in der Reihe, ob sie sich durch die Art und Weise des Sprechers „erreicht, angesprochen" fühlt. Wenn ja, tritt die zweite Person in der Reihe nach rechts oder links ein beliebiges Stück aus der Reihe heraus. Damit hat der Sprecher **zwei** HörerInnen. Der Probesatz muss nun beide erreichen. Beide geben ein Feedback. Wenn sie „erreicht" wurden, tritt die **dritte** Person aus der Reihe heraus und so fort. Wenn nicht alle sichtbaren HörerInnen erreicht und angesprochen sind, wird der Ablauf einen Schritt zurückgesetzt, die jeweils letzte Person stellt sich wieder in die Reihe hinein. Das geht so lange, bis der Sprecher bei allen angekommen ist.
Je nach vorhandener Zeit können Sie die Gruppengröße verdoppeln. Damit wird die anzusprechende Hörerschaft immer größer.

Reflexion: Wie muss ich mich innerlich einstellen, damit ich mehrere Menschen erreiche? Augenkontakt ist mit einer großen Menge von ZuhörerInnen gar nicht mehr möglich, z. B. von einer Bühne herunter liegt das Publikum meist im Dunkeln. Es geht also darum, mich selber so zu justieren, dass ich ganz klar die Absicht/Intention mobilisiere. Dass für mich mehr und mehr die intentionale Empfindung abrufbar und jederzeit einstellbar wird. Schall breitet sich auch um die Ecke aus. Ich kann also kraft der Stimme alle erreichen, auch wenn ich sie nicht sehen kann. Ob die Gruppe aus 10, 100 oder 10 000 ZuhörerInnen besteht, spielt dann keine Rolle mehr. Ich selber muss mich auf mich, auf ein Gehört-werden-Wollen einstellen. Intention ist viel mehr als nur Augenkontakt.

♥ ✳ **Anleitungen geben – Anleitungen werden befolgt:** Gruppen zu je ca. fünf TeilnehmerInnen. Tennisbälle oder andere kleinere Bälle, die sich prellen lassen. Jede/r hat einmal die „Cheffunktion" und seine Aufgabe ist es, Anleitungen zu geben und deren Befolgung zu ermöglichen. Die anderen sind das Team und haben die Auflage, die Anleitungen bestmöglich zu erfüllen.

10. Redekultur – To show something

Die Chefin (natürlich ist auch ein Chef möglich) hat keinen Ball, alle anderen halten einen Ball in der Hand. Der Chefin steht das Team im Halbkreis gegenüber. Ihr stehen zwei Anweisungen zur Verfügung, sie sagt auch nur diese beiden Wörter, keine Zusatzinformation, keine Einleitung. Die Grundanweisung kommt von Ihnen als LehrerIn.

„Hipp" bedeutet: Alle Teammitglieder werfen ihren Ball kurz in die Luft und fangen ihn wieder auf.

„Hopp" bedeutet: Der Ball wird einmal auf den Boden geprellt und wieder gefangen.

Die Chefin kann in beliebiger Reihenfolge anweisen. Sie beginnt mit einem Kommando und wartet die Befolgung ab. Wenn aus ihrer Sicht die Verständigung funktioniert, darf sie auch mehrere Anleitungen gemeinsam geben: Hipp-hipp-hopp – und die Ausführung erst danach beobachten. Gestik als Unterstützung ist möglich. Auf jeden Fall muss die Chefin das Team bestmöglich unterstützen, nicht unter-, aber auch nicht überfordern.

Vertiefung: Auch hier können Sie die Gruppengröße verdoppeln. Eine Chefin, zehn Teammitglieder usw.

Reflexion: Wie geht es mir als ChefIn? Ist das leicht oder schwierig? Wie geht es mir, wenn nicht alle Teammitglieder gleich schnell sind, wenn manche nicht so geschickt sind? Werde ich ungeduldig? Kann ich dem Team mit den Händen helfen? Hilft uns ein gemeinsamer Rhythmus? Habe ich alle „im Auge"?

Praxis

♥ **Selbstreflexion:** Wenn Sie diese Übung in einer vertrauten Erwachsenengruppe gelegentlich selbst durchführen, lassen Sie sich auch ein Feedback geben, wie **Sie** von den anderen in Ihrer Chefposition empfunden werden. Das kann sehr aufschlussreich im Hinblick auf Selbstbild und Fremdbild sein.

Wenn Sie mit Ihrer Klasse vertraut sind, ist es ein mutiger Schritt, die Übung mit ihren SchülerInnen – Sie selbst in der Rolle als ChefIn – auszuprobieren und sich Feedback zu holen.

„Wenn du sprechen willst, musst du dich aufraffen, oder besser schweigen!", meinte Kollege und Lehrlogopäde Uwe Schürmann zum Thema Intention bei einem Seminar. Ich bin überzeugt, Sie können die Szenen vom Anfang dieses Kapitels nun aus einem ähnlichen Blickwinkel verstehen wie ich.

11. Sprech-Lehre

11.1 Ausspracheregeln

Die deutsche Standardlautung

Wir beklagen uns, dass unsere Kinder nicht deutlich sprechen, dass sie nuscheln, dass sie sich unklar ausdrücken, nicht präzise artikulieren usw. Die Ursachen sind natürlich vielfältig. Ein ganz wesentlicher Faktor ist für mich darin zu suchen, dass wir uns beim Erlernen unserer eigenen Muttersprache vorwiegend mit der Recht-Schreibung befassen und die Recht-Lautung vernachlässigen. Diese Defizite machen uns ein Leben lang zu schaffen. Ich rätsle bis heute und bin noch immer persönlich zu keiner befriedigenden Erklärung gekommen, wieso es so ist und warum selbst ausgebildete PädagogInnen die korrekte Aussprache des Deutschen nicht kennengelernt haben und nicht beherrschen. Nicht einmal in ihrer Ausbildung ausführlich genug, um den zu Unterrichtenden ein gutes Vorbild zu sein.

Beim Erlernen jeder Fremdsprache ist uns allen klar: Wir müssen von Anfang an auf zwei Komponenten achten:

- Wie **spricht** man Englisch, Französisch, Russisch, Chinesisch …?
- Wie **schreibt** man Englisch, Französisch, Russisch, Chinesisch …?

In jedem Fremdwörterbuch findet man die eckigen Klammern [ ]. Dreispaltige Vokabelhefte dienen genau dem Zweck, von der Muttersprache ausgehend in zwei Richtungen zu denken: Wie aussprechen? – Wie niederschreiben?

Im Fremdsprachenunterricht ist es völlig normal und selbstverständlich, dass wir für ein englisches „th" beim Anblick des entsprechenden Lautzeichens [θ] mit der Zunge im Mund herumturnen. So lange, bis der entsprechende Laut erklingt. Wir wissen, solange wir sagen: „ße män änd ße wimin" (the men and the women), klingt es nicht englisch.

> 28: ßis is pidschän inglisch
> ße män änd ße wimin, ßei hääf sam problems.

Nach wie vor fehlt für die eigene Muttersprache der Zugang zur korrekten Aussprache. Selbst erwachsene Menschen entdecken mit Staunen in Stimm- und Sprechtechnikkursen ihr Defizit, wenn sie das erste Mal mit der Tatsache konfrontiert werden, dass es auch für die Muttersprache eine Ausspracheregelung gibt. Sie haben noch nie etwas vom Duden Nr. 6 gehört, dem deutschen Aussprachewörterbuch. Ich pflege zu sagen: „Ohne dieses Buch haben Sie in Ihrer Bibliothek eine Bildungslücke von exakt sechs Zentimetern!"

Ehrliche Frage: Sind Sie selbst in der eigenen Schulzeit mit den Aussprachregelungen in Berührung gekommen? Oder erst während des Studiums? Oder gar nicht?!

Diese Unkenntnis hat weitreichende Folgen, die ich in einem Bild ausdrücken möchte: Recht-**Schreibung** = linker Schuh. – Recht-**Lautung** = rechter Schuh. Das Gehen leidet, die Füße schmerzen, wenn die Schuhe vertauscht werden. Tragen Sie nur einen Schuh, werden Sie vermutlich hinken oder watscheln. Das Rechtschreibvermögen leidet, wenn man Kinder nicht auch die Aussprache lehrt.

- Noch immer wird mancherorts versucht, durch entsprechend falsche Aussprache die richtige Schreibung zu diktieren (Ansage). „Wenn ich sage daaaaas, schreibt ihr ein ‚s', wenn ich sage dasssss, wird ‚ß' geschrieben."
- Noch immer werden Kinder in der irrigen Meinung unterrichtet, dass schön zu sprechen heißt, „so zu sprechen, wie man schreibt". Das ist Unsinn. Ich wünsche mir, dass Sie dagegen ankämpfen. Kinder bekommen damit eine Abneigung gegen die geregelte deutsche Hochsprache. Sie manifestieren als Erwachsene ihre Überzeugung, Mundart sei besser. Sie drücken sich dann lieber so aus, „wie einem der Schnabel gewachsen ist". Das darf man so nicht stehen lassen. Kinder können Esso, Ketchup, McDonald's und Ski schreiben, auch wenn wir es ganz anders aussprechen.
- Noch immer wird bei Rechtschreibreformen jeder Art versucht, den linken und den rechten Schuh austauschbar zu machen. Aber keine Sprache dieser Welt ist buchstabengetreu. Deutsch schon gar nicht. Deutsche Lautung ist maximal „schriftnahe".
Esperanto – als Versuch, so zu sprechen, wie man schreibt – hat sich unter anderem auch deswegen nicht durchgesetzt.
- Noch immer können Kinder und Erwachsene oft nicht unterscheiden: Was ist ein Buchstabe? „m" = [emm] – Was ist ein Laut? „m" = [m]
- Noch immer werden die Mundart und die Hochsprache in weiten Teilen der Bevölkerung gegeneinander ausgespielt. Es ist wünschenswert, damit Schluss zu machen. Es ist wünschenswert, die Vor- und Nachteile beider Sprechweisen herauszuarbeiten. Dadurch definieren sich klare Gebrauchsrichtlinien.

Dialekte sind die lebendige Quelle unserer Sprache und behalten als solche immer ihr volles Recht. Die Bekämpfung der Mundart als „niedere Sprachform" ist unzulässig. Dialekt und Hochsprache können sehr wohl nebeneinander bestehen. Nur ist die Mundart auf einen bestimmten Kreis beschränkt. Ihre kommunikative Wirkung ist nicht besonders hoch.

Auch die **Umgangssprache** hat einen begrenzten Geltungsbereich, der sich auf KollegInnen, Familie und Bekanntenkreis beschränkt. Gerhard Hinsch (1989) bezeichnet die Umgangssprache als „Sprache in Hausrock und Filzpantoffeln". Die Umgangssprache folgt der hochdeutschen Lautgebung, weicht aber in manchen Einzelheiten regionsweise davon ab.

11. Sprech-Lehre

In einer kommunikativen Zeit wie der unsrigen sind wir allerdings meist darauf angewiesen, möglichst viele Leute zu erreichen. Die **Standardlautung** mit einer gewissen Einheitlichkeit für den Norden, Osten, Süden und Westen sichert uns ein Verstandenwerden quer durch den deutschen Sprachraum. Darüber hinaus auch bei allen Menschen, die Deutsch als Fremdsprache lernen.

In der Mundart können wir uns zumeist unmittelbar ausdrücken, Gefühle werden sofort und ungefiltert hörbar. Oft steht die Befürchtung im Raum, dass diese Sprache des Herzens und der Sinne „vom blassen Hochdeutsch verdrängt wird". Dass unser Sprechen in der Hochsprache emotionslos ist. Ganz im Gegenteil! Man kann sehr wohl alle Gefühlsqualitäten und die Herzenswärme der Mundart ins Hochdeutsche mitnehmen. Jeder synchronisierte Film, jede synchronisierte Soap-Folge, jeder synchronisierte Zeichentrickfilm lässt deutlich hören, wie gut sich **sämtliche** emotionalen Befindlichkeiten in Hochdeutsch ausdrücken lassen – wenn man es erst mal kann!

Von der weitverbreiteten „Sprechfaulheit" ist nachgewiesen die Mundart mehr betroffen als die Hochsprache. Vokale werden verschoben (Sonne – Sunn) oder unnötig hinzugefügt (Herz – Heaz). Konsonanten werden verschluckt (haben sie nicht – ham se nich) und genuschelt (Pflaume – Flaume).

Deutsch wird nicht überall einheitlich ausgesprochen. Es gibt Aussprachestandards, die geprägt sind durch landschaftliche/regionale Unterschiede und soziale Schichten. Immer wieder gab es Bestrebungen, die Aussprache zu normen. Es ist jedoch wesentlich schwieriger, eine bestimmte Aussprache festzulegen als eine bestimmte Schreibung. Die verschiedenen deutschen Aussprachen sind am differenziertesten für Deutschland, am wenigsten für die deutschsprachige Schweiz untersucht worden. Der älteste bekannte Normierungsversuch stammt aus dem Jahr 1898: die „Deutsche Bühnenaussprache" von Theodor Siebs.

In den 1950er-Jahren übernahmen Funk und Fernsehen vom Theater die Rolle als Träger der Standardaussprache. Heute ist im deutschen Sprachraum der Aussprache-Duden die erste Instanz. Die Standardlautung des Deutschen ist als interne Norm in allen Teilen der Bevölkerung anerkannt. Sie gilt als (unbewusste) Messlatte und wird vor allem in öffentlichen Kommunikationssituationen erwartet. Ihre gültigen Grundsätze: Sie ist überregional, umfassend gültig, einheitlich, schriftnahe, deutlich, erhebt jedoch keinen Anspruch auf Vollständigkeit.

Praxis

♥ Über Wirkung und mögliche unerwünschte Wirkungen der Standardlautung informieren die 130 Seiten der Einführungskapitel des deutschen Aussprachewörterbuches (Duden Nr. 6). Die korrekte Aussprache der über zwei Millionen Wörter finden Sie in ebenso vielen eckigen Klammern. Fragen Sie außerdem gerne Ihre SprecherzieherInnen.

11. Sprech-Lehre

Unterrichtstipps

✱ **Vokalreihen:** Ich persönlich halte vor allem die Beherrschung der unterschiedlichen Vokalqualitäten und -quantitäten für das Fundament beim Erlernen der Standardlautung. Ich bevorzuge dabei ein System, das sich über Jahre in meiner eigenen Praxis bewährt hat. Es erreicht mehrere sprechtechnische Ziele gleichzeitig. Beim wiederholten Üben kann man stets einen Übungsschwerpunkt wählen und fördert damit die anderen Zielsetzungen mit.

- Unterscheiden von langen und kurzen Vokalen
- Gegenpole fördern den eigenen Sprechrhythmus (der Unterschied wird im Extrem deutlich)
- Selber zuhören (der Übende muss jedes Wort, das er sagt, im eigenen Ohr kontrollieren)
- Eingehen auf den Hörer/Gesprächspartner (mitdenken und reagieren anstatt vorausdenken und am anderen vorbeireden)
- Kontaktverhalten (stets Aufmerksamkeitsspannung halten, die Kinder lernen, aufeinander einzugehen)
- Sprechpräsenz (es gibt nichts zu tun, außer **jetzt** ein Wort auszusprechen)
- Hoch konzentriert und gleichzeitig entspannt sprechen
- Sprechdenken
- Vorstellungsvermögen/Bilder (zu jedem Begriff dem Gehirn Zeit lassen, ihn zu verstehen)
- Pausentechnik

🔴 29: Vokalreihen

Abend	–	ab	Beere	–	Bern
ahnen	–	Anna	Degen	–	Decke
Glas	–	Klassen	Dehnen	–	denn
Kahn	–	kann	Esel	–	essen
Makel	–	Macke	Feder	–	Vetter
Biene	–	binden	Bogen	–	Bock
Diener	–	Dinkel	Bohne	–	Bonn
ihr	–	irren	Hof	–	hoffen
Kiesel	–	Kissen	hol	–	holprig
lies	–	Liste	Not	–	Nord
Buche	–	Buchs			
fluchen	–	flugs			
Flug	–	Fluss			
Fuß	–	Fuchs			
Huhn	–	Hund			

11. Sprech-Lehre

Die Kopiervorlage (siehe Seite 104, auch unter http://beruf-lehrerin.veritas.at als Download) für alle SchülerInnen vervielfältigen, eine gut lesbare größere Schrift wählen. Geben Sie eine Einführung mit einigen Informationen zu den Vokalen im Deutschen. Es gibt kurze und lange Vokale = Klangquantität. Es gibt offene und geschlossene Vokale = Klangqualität (oben – ob). Meist geht kurz mit offen und lang mit geschlossen einher.
Die Markierungszeichen dafür sind: ‿ ⌣

* **Partnerübung:** Anfangs werden die Vokalreihen zu zweit geübt. Später wird der Partnerdurchgang immer wieder als Kontrolle eingebaut. Kinder sitzen oder stehen sich in aufrechter Körperhaltung in Hörweite gegenüber. Sie halten das Blatt in einer Hand etwa in der Körpermitte vor sich. Sie teilen sich die Spalten auf. Eine/r spricht zuerst immer die linke Seite (lange Vokale). Die/Der PartnerIn „antwortet" gleichsam mit dem Wort auf der rechten Seite (kurze Vokale). Zwei Kriterien sind besonders zu beachten:
  * Die Kinder müssen einander zuhören. Das jeweils gesprochene Wort darf ausklingen. Erst nach der Verarbeitungspause spricht die/der HörerIn das Wort aus. Die senkrechte Reihenfolge in der Spalte ist einzuhalten.
  * Die Vokale sollen mit einer körpersprachlichen Geste begleitet und damit verdeutlicht werden.
  Lange Vokale: mit der offenen Handfläche von der Bauchmitte weg den Arm in den Raum ausstrecken. Die Bewegung soll genau so lange dauern, wie der lange Vokal dauert. Sobald das Wort fertig ist, wird die Hand zurückgezogen (= Pause).
  Kurze Vokale: Bleistift in die Hand nehmen. Etwa vor der Taille eine piksende rasche Bewegung machen. Man kann sich vorstellen, mit dem Bleistift einen Luftballon zum Platzen zu bringen.
Lassen Sie anfangs klare, hörbare Gegensätze aussprechen, auch wenn die Vokale zunächst etwas zu kurz oder zu lang geraten. Dann Tausch der Vokale, Tausch der Reihen.

* Als zweite Variante spricht ein/e SchülerIn beide Vokallängen, beide Spalten, der/die andere ist BeobachterIn. Das, was vorher im Wechsel geübt wurde, macht ein Schüler jetzt sozusagen mit sich selbst als Zuhörer. Langes Wort sprechen, selber zuhören, Pause halten. Kurzes Wort sprechen, hören, Pause, nächste Zeile. Wieder mit Gestik. Der aufmerksame Zuhörer soll mit Feedback dem Sprecher helfen, Sprechen und Gestik absolut synchron zu gestalten und einen guten individuellen Sprech-/Übungsrhythmus zu finden.

* Auf der Basis des eigenen Sprechrhythmus können die SchülerInnen dann die Übung auch solo durchführen. Bitte erst dann, wenn das eigene Zuhören beim Üben sichergestellt ist. „Aufführungen" jeweils einer Spalte vor der gesamten Klasse sind möglich und wirkungsvoll.

11. Sprech-Lehre

lang		kurz		lang		kurz
Abend	–	ab		Beere	–	Bern
ahnen	–	Anna		Degen	–	Decke
Glas	–	Klassen		Dehnen	–	denn
Kahn	–	kann		Esel	–	essen
Makel	–	Macke		Feder	–	Vetter
Nachtisch	–	Nachtigall		Fehler	–	Fell
Nase	–	nass		Gel	–	Geld
Rad	–	Ratte		Speer	–	Sperre
Tag	–	Takt		Tee	–	Test
Waage	–	wacker		wen	–	wenn

lang		kurz
Biene	–	binden
Diener	–	Dinkel
ihr	–	irren
Kiesel	–	Kissen
lies	–	Liste
schief	–	Schiff
wie	–	wild
Wien	–	Wind
Wiese	–	Wissen
zieren	–	zittern

lang		kurz		lang		kurz
Bogen	–	Bock		Buche	–	Buchs
Bohne	–	Bonn		fluchen	–	flugs
Hof	–	hoffen		Flug	–	Fluss
hol	–	holprig		Fuß	–	Fuchs
Not	–	Nord		Huhn	–	Hund
Sohle	–	soll		Kuh	–	Kuss
toben	–	Topf		Mut	–	Mutter
Ton	–	Tonne		nun	–	null
wohl	–	Wolle		super	–	Suppe
Zofe	–	Zopf		Uhu	–	Ulme

11. Sprech-Lehre

* Nach einigen Wochen erfolgt dann der Transfer auf gebundenen Text. Übungssätze, in denen bestimmte Vokale gehäuft vorkommen, werden herangezogen. So können z. B. alle Wörter mit „a" die Markierungszeichen für lang und kurz bekommen. Die Übungssätze werden äußerst langsam gesprochen, Wort für Wort getrennt, ohne auf Betonung etc. zu achten. Hier geht es nicht um Sinnzusammenhänge, sondern um die willkürlich aufeinanderfolgenden Längen und Kürzen.

> ● 30: Wort-für-Wort-Übung
> *In den Herbstferien besuchten wir meine Großmutter auf dem Land. Wir ließen alle elektronischen Geräte zu Hause.*

Wort-für-Wort-Übung mit Lang-/Kurz-Zeichen

> In den Herbstferien besuchten wir meine Großmutter auf dem Land.
> Wir ließen alle elektronischen Geräte zu Hause!

* Erstellen Sie mit Ihrer Klasse ein eigenes Übungsrepertoire. Lassen Sie die Kinder einigermaßen sinnvolle Übungssätze erfinden, ausdenken. Erfahrungsgemäß macht ihnen das Austüfteln solcher Sätze enorm viel Spaß. Die Klassen sind meist sehr stolz auf ihre eigene sprechtechnische Fibel.

Weitere Übungstexte zu allen Lauten finden Sie auf http://beruf-lehrerin.veritas.at zum Download.

11.2 Intonation

indenherbstferienbesuchtenwirmeinegroßmutteraufdemlandwirließealle elektronischengerätezuhauseundwirklichdiewocheohnelaptophandyund gameboywarmitmehrerlebnissengefülltalswirunszunächstvorstellenkonnten siebentagelandschafttierepflanzenbergseeundwildbachdieanfangskitschige idyllehatunsallesehrentspannt

Entschlüsseln, Verstehen und Erfassen solcher ungegliederter Äußerungen sind mit großem Aufwand verbunden. Wir kennen das z. B. von zahlreichen mittelalterlichen Texten. Erst mit der Verwendung von Strukturierungsmitteln wird der Ausschnitt aus einem Schulaufsatz gut verstehbar (siehe ⬤ 31).

Gliederungselemente sind für die schreibsprachliche Kommunikation unverzichtbar **und** für die hörbare! Für das geschriebene Wort sind die Zeichen bekannt: Groß-, Kleinschreibung, Kursivschreibung, Worttrennungszeichen, Interpunktionen u. v. m. Diese finden sich als Lehrplanelement im Deutschunterricht. Sie sind relativ leicht bewertbar, und ihre Beherrschung gilt als klare Anforderung an gebildete Menschen.

Für das gesprochene Wort genießen die Gliederungselemente längst nicht das Ansehen und die Wichtigkeit, die sie in der Kommunikation haben, aber das ist ein anderes Kapitel. Tatsache ist: Es gibt sie! Und Sie tun gut daran, sie selbst gut zu kennen, effizient anzuwenden und ihren Einsatz auch den SchülerInnen und StudentInnen dringend nahezulegen. Leichter ist natürlich allemal, die Rechtschreibfehler zu zählen als die kommunikative Wirkung von SchülerInnen zu benoten.

Intonation, Prosodie, sprechmelodische Gestaltung nennen wir alle suprasegmentalen Merkmale, die eine verbale Äußerung über den Wortlaut und die Wortbedeutung hinaus näher differenzieren und bestimmen. In der kooperativen Kommunikation kommt es ja nicht nur darauf an, dass wir die gesagten Wörter identifizieren können, sondern dass wir verstehen, was die/der SprecherIn meint. Intonation unterstützt außerdem die grammatische Struktur einer Äußerung und trägt damit ganz entscheidend zu diesem Verstehen bei.

> ⬤ 31: Akustische Gliederung
> *In den Herbstferien besuchten wir meine Großmutter auf dem Land. Wir ließen alle elektronischen Geräte zu Hause. Und wirklich, die Woche ohne Laptop, Handy und Gameboy war mit mehr Erlebnissen gefüllt, als wir uns zuerst vorstellen konnten. Sieben Tage Landschaft, Tiere, Pflanzen, Bergsee und Wildbach. Die anfangs kitschige Idylle hat uns alle sehr entspannt.*

Intonationselemente erfüllen im Deutschen folgende Hauptfunktionen. Sie kennzeichnen Äußerungseinheiten, gliedern Äußerungen, heben wichtige Elemente hervor und emotionalisieren Äußerungen.

Für überwiegend sachliche Äußerungen können diese Elemente im Deutschen allerdings nicht willkürlich eingesetzt werden, ohne dass sie der Hörer als unnatürlich empfindet. Im Deutschen verwenden wir außerdem am häufigsten in dieser Reihenfolge: Tempo, Tonhöhe, Lautstärke. Das ist in anderen Sprachen z. T. ganz unterschiedlich.

Akzente

Der **Wortakzent** gliedert mehrsilbige Wörter. Hörbar wird eine Schwer-leicht-Struktur: Eine Silbe wird hervorgehoben, die anderen ordnen sich unter. In einigen Sprachen ist die Position des Akzentes zwingend vorgeschrieben: Ungarisch betont immer die erste Silbe, Spanisch die vorletzte, Französisch immer die letzte aussprechbare Silbe. In der deutschen Sprache ist die Position nicht fixiert. Für die nativen Wörter unserer Sprache gilt jedoch eine grundsätzliche Betonung der **Stammsilbe**.

> ⬤ 32
> *tr<u>in</u>ken, get<u>run</u>ken, Get<u>rä</u>nk*

Zum **Satzakzent** eine wichtige Anmerkung: Nur **ein Hauptakzent** in einem Satz! Akzentträger ist das sinngewichtigste Wort. Ganz, ganz selten trägt im Deutschen das letzte Wort vor dem Punkt den Akzent. Leider ist gerade beim Textlesen die Unsitte weit verbreitet, beim Absenken der Stimme am Satzende auch das Wort mitzubetonen. Dies ist einzig als Indiz dafür brauchbar, dass der/die VorleserIn den Text selber nicht verstanden und sich zum Inhalt auch kein Bild gemacht hat.

Mehrere **Nebenakzente** sind möglich: **Fett** = Hauptakzent, GROSSBUCH-STABEN = Nebenakzente. Bitte gleich **laut** lesen und deutlich betonen.

> ⬤ 33
> *Das Wasser ist **warm** geworden.*
> *Das Wasser im BADESEE ist **warm** geworden.*
> *Das Wasser im BADESEE ist nach vielen SONNENSTUNDEN seit gestern ENDLICH wieder **warm** gewor*den.

11. Sprech-Lehre

Der bestimmende Begriff kommt vor dem zu bestimmenden.

> ● 34
> Wir BACKEN **Kekse**.

Von parallelen Satzgliedern oder Appositionen bekommt das letzte sinnstarke Glied den Hauptakzent.

> ● 35
> Sie spricht nahezu PERFEKT Russisch, Französisch und **Italienisch**.
> Die DIREKTION lud zu einem VORTRAG in den Festsaal der **Schule** ein.

Bezeichnen zwei Wörtern einen Gegensatz, wird das bejahende Wort betont.

> ● 36
> Dieses Gericht hat mir GUT, jenes aber noch **besser** geschmeckt.
> Die Versammlung wurde für **Mittwoch** angesetzt, nicht für DONNERSTAG.

Melodieverlauf (unterschiedliche Tonhöhen)

Die Untersuchungen zur deutschen Stimmmelodie begannen mit der Einteilung in fallende Melodie für Aussagesätze und steigende Melodie für Fragesätze. Nach und nach detaillierter untersucht, steht momentan für die Funktionalität der Sprechmelodie z. B. die anschauliche Grundskala von Dafydd Gibbon zu Ihrer Verfügung. Mit Tonhöhe/Melodieverlauf drücken wir unterschiedliche Kommunikationsabsichten aus.

● 37 bis 40		
Aussage	Fallend	Behauptung: *Das war so.*
	Ansteigend	Echofrage: *Das ist so?* Ungewisse Erklärung: *Das war sicher so.*
Befehlsform	Fallend	Befehl: *Bring das her!*
	Ansteigend	Bitte, dringende Bitte: *Bring das bitte sofort her!*
Frageform	Fallend	Kategorische Frage: *Kommst du endlich?*
	Ansteigend	Neutrale Frage: *Kommst du?*
W-Frage: **Wer, wie …**	Fallend	Neutrale Frage: *Woher kommen Sie?*
	Ansteigend	Interessierte oder Echofrage: *Was sagten Sie?*

11. Sprech-Lehre

Sprechtempo (modifizierte Artikulationsgeschwindigkeit)

Beim Tempo gilt vor allem: Nicht gleichförmig langsam und nicht gleichförmig schnell. Lassen Sie mich mit einem Bild arbeiten: Tempowechsel soll geschehen wie beim Autofahren: variabel, je nach Art der Straße. Autobahn – schnell, Wohnstraße – langsam, rote Ampel – Stillstand etc. Nicht ein gleichmäßiges Sprechtempo einhalten, das ermüdet. Tempowechsel bringt Dynamik. Natürlich ist für eine auch manchmal gesteigerte Sprechgeschwindigkeit eine geschmeidige und flotte Artikulation Voraussetzung. Schnell sprechen auf Kosten der Verständlichkeit gilt nicht. Für dieses Thema sind die klassischen Zungenbrecher prädestiniert.

Lautstärke (Dynamik)

Zur Lautstärke ist mir wichtig zu sagen, dass Sie stets so laut sprechen sollen, dass Sie gehört werden können. Es braucht eine Dezibelanzahl, die den SchülerInnen rein technisch ein Hören ermöglicht. Verstehen kann ich nur, was ich auch hören kann. Zu leises Sprechen, nur für die vorderen Reihen und in bewusster Absicht, im Klassenraum damit Ruhe zu schaffen, ist meiner persönlichen Ansicht nach ein Machtmittel, das negative Reaktionen hervorruft. Viele erwachsene KursteilnehmerInnen berichten, dass ihre PädagogInnen immer dann, wenn sie sich nicht mehr zu helfen wussten, so leise sprachen, dass sie kaum zu hören waren. Damit einher geht die Erinnerung an Hilflosigkeit und Bestrafung. Aber ich bin zuversichtlich, dass für Sie – geschätzte/r LeserIn – spätestens seit dem Kapitel über das Hören ein solches Machtmittel überflüssig ist.

Ökonomisch laut werden, wenn es sein muss:
- Grundsätzlich gilt: **Rufen, Singsang und Jaulen** sind lauter und besser als Schreien aus dem Hals. Stellen Sie sich immer vor, Sie müssen eine weite Entfernung überbrücken. **Trichter vor dem Mund** bilden.
- In lang gezogenen Rufen vor allem die Vokale lang dehnen, fast ein bisschen singen: Juhuuuuuuuuuuu! Jaaaaaaaa! Heiiiiiiiiiiiiii..., Tooooooor!
- **Lautstärke variieren:** Nicht durchgehend rufen, sondern wie eine Sirene auf- und abschwellende Töne produzieren ... Das wirkt insgesamt lauter und auch rhythmischer und schont die Stimmbänder.
- **Kraft aus der Mitte** einsetzen: Hände in die Taille knapp oberhalb der Hüftknochen stemmen und beim Rufen das Zwerchfell aktivieren.
- Das Basis-Aufwärmtraining durchführen: Schreien niemals mit unaufgewärmter Stimme.

Tipps für den ökonomischen Stimmeinsatz bei Sportevents und ähnlichen Veranstaltungen finden Sie als Download unter http://beruf-lehrerin.veritas.at.

Pause – die hörbare „Nullphase"

Durch Pausen wird das Sprechen durch „akustische Nullphasen" und Grenzsignale (äh, öh …) unterbrochen. Die Pause ist ein wesentliches Element der Intonationsstruktur und kennzeichnet sinnerfassende Einheiten. Im gesprochenen Wort ist sie die einzige „Interpunktion". Wir **hören** nun einmal kein Rufzeichen, kein Fragezeichen, keinen Doppelpunkt, keinen Bindestrich usw. Wir hören eine Pause. Der Sinn des Gesagten lässt uns dann die Deutung als Beistrich, als Frage etc. **verstehen**.

Wir bauen **Atempausen** ein, um die Einatmung zu ermöglichen. – Wir bauen (hoffentlich) **Nicht-Atempausen** ein, um uns selbst kurze Denkphasen zu ermöglichen, den HörerInnen Zeit zur Verarbeitung zu geben, die Aussage bedeutsamer zu gestalten, den Akzent zu unterstützen, die Interaktion mit den ZuhörerInnen zu überprüfen, Kontakt zu halten, Bilder zum Gesagten in unserem Gehirn anzuregen – all das braucht die Zeit der Pause.

„Der Mut zur Pause im spontanen wie im reproduzierenden Sprechen aller Art ist für eine erfolgreiche Umsetzung der Kommunikationsabsichten enorm wichtig", bringt es Intonationsexpertin Kerstin Werner (1998) auf den Punkt. Pausensetzung beeinflusst den Sinn einer Äußerung.

○ 41
Sie sagte // er sei mit dieser Aufgabe bestens betraut.
Sie // sagte er // sei mit dieser Aufgabe bestens betraut.

Praxis & Unterrichtstipps

♥ ✱ **Ansagen:** Endsilben tragen im Deutschen so gut wie nie den Wortakzent. Die Stammsilbe hat den Hauptakzent. Es ist deswegen völlig unsinnig, bei Ansagen die Endsilben besonders betonen zu wollen, damit die Kinder eine Hilfe beim Rechtschreiben bekommen. Bitte sofort damit aufhören bzw. gar nicht erst damit anfangen.

♥ ✱ Je nach Altersstufe empfiehlt sich für den Einstieg in das Thema Intonation die Kabarettsequenz von Karl Valentin über die „Semmeln-Knödeln".

♥ ✱ **Fremdsprachenvergleich:** Welche Sprache hat welche Betonungsregeln? Wie ist das in unserer Sprache? Ist sie für Menschen mit anderen Muttersprachen leicht oder schwer zu lernen? Wie spricht sich Deutsch mit französischer oder ungarischer Betonung? So entstehen Akzente!

♥ ✱ **Sprechen im öffentlichen Raum:** Viele „coole" ModeratorInnen oder auch politische RednerInnen, die ihren Aussagen Gewicht verleihen wollen, setzen bewusst oder unbewusst die Akzente oft **gegen** die Regeln.

11. Sprech-Lehre

● 42: Wortakzent
Gegen die Regeln
***Glob**alisierung. **Disk**ussion. **Kons**ens. **Phil**harmoniker. **Dir**ekt.*

Den Regeln entsprechend:
*Globali**sie**rung. Diskus**sion**. Kon**sens**. Philhar**mo**niker. Di**rekt**.*

● 43: Satzakzent
Gegen die Regeln:
***Mit** diesem Sieg **in** der Landesmeisterschaft **hat** Franz Meier den Aufstieg **in** die nächste Spielklasse **so gut** wie **geschafft**.*

Regelkonform:
*Mit diesem **Sieg** in der **Landesmeisterschaft** hat Franz **Meier** den Aufstieg in die nächste **Spielklasse** so gut wie **geschafft**.*

Lassen Sie Beispiele zusammentragen, aufnehmen, sammeln. Wie wirkt das auf uns? Besonders wichtigtuerisch, emotional …?

♥ ✶ **Melodieverlauf** vor allem beim gelesenen Text: Lassen Sie Fragesätze entwerfen und laut sprechen. Einmal nur mit ansteigender Melodie. **Wie geht es dir?** Klingt völlig unnatürlich, übertrieben. Vor allem Ergänzungsfragen haben einen (stimmigen) Melodieverlauf nach unten.
Welche Hobbys hast du? Wenn FreundInnen bei dieser Frage mit der Stimme nach oben gehen, nehmen wir sie wohl nicht ganz ernst.

♥ ✶ **Tempowechsel:** Zungenbrecher aktivieren. Entweder nehmen Sie einige altbekannte und bewährte Sätze oder lassen von den SchülerInnen neue entwerfen. Jeder darf sich einen aussuchen.
Begonnen wird mit einem langsamen und deutlichen Übungsdurchgang, bei dem wirklich jeder Buchstabe zu hören sein muss. Eine Stoppuhr hält die Zeit fest.
Innerhalb eines Monats wird zu Hause fleißig geübt, im Wochenrhythmus die verbesserte Leistung kontrolliert. Den Fortschritt können SitznachbarInnen, frei gewählte PartnerInnen beobachten oder er wird in einer Excel-Tabelle festgehalten. Audioaufnahmen sollen das Ergebnis belegen. Ziel ist es, bei erhöhter Geschwindigkeit dennoch alle Laute hörbar zu sprechen, keine Buchstaben auszulassen.

11. Sprech-Lehre

♥ ✳ **Pausen:** Das Gliederungsmittel der Pause können Sie ganz wunderbar mit Texten wie dem vom Kapitelanfang demonstrieren. Als Einstieg eignen sich ungegliederte Texte gut. Die Textgliederung wird von Anfang an **laut** gemacht. Die Pausen werden durch ihr Zeichen // gekennzeichnet. (So Sie die Möglichkeit haben, PCs zu verwenden, lässt sich die Aufgabe sehr effizient gleich am Bildschirm erledigen. Die SchülerInnen sprechen halblaut mit sich oder dem Nachbarn bei der Aufgabenlösung. Damit bleibt der Schallpegel im Raum erträglich.)

In den Herbstferien // besuchten wir meine Großmutter auf dem Land // Wir ließen alle elektronischen Geräte zu Hause // Und wirklich // die Woche ohne Laptop // Handy und Gameboy // war mit mehr Erlebnissen gefüllt // als wir uns zuerst vorstellen konnten // Sieben Tage Landschaft // Tiere Pflanzen Bergsee // und Wildbach // Die anfangs kitschige Idylle // hat uns alle sehr entspannt //

Die Reflexion ergibt ein klares Bedürfnis nach Pausen, um selber zu verstehen, nachzudenken, Bilder zum Gesprochenen im Kopf zu erzeugen, die ZuhörerInnen nicht zu überfordern u. v. m.

♥ ✳ Pausen braucht auch der gegliederte Text. Geben Sie Texte zur Bearbeitung, die durch die Interpunktion schon gegliedert sind. Achten Sie darauf, dass auch dort nach maximal zehn Wörtern eine Pause gesetzt wird. Dass die laut gesprochenen Abschnitte nicht zu lang sind, sondern dieselben Kriterien ermöglichen wie bei der Aufgabe zuvor, dass Bilder im Kopf entstehen können.

Reflexion: Vor allem ist die Pause unabhängig vom **Punkt**! Wir setzen viel mehr Pausen, als es Punkte und Beistriche gibt. Das erleichtert die Übertragung von Botschaften für uns als SprecherIn/LeserIn und für die HörerInnen!

♥ ✳ **Vertiefung:** Pausen üben mit Gehen und Stehenbleiben. SchülerInnen nehmen ihre bereits mit Pausen gegliederten Textblätter in die Hand und verteilen sich stehend im Raum (Turnsaal o. Ä. empfehlenswert). Während eines Sprechabschnittes bewegen sie sich langsam, aber stetig vorwärts (= auf die HörerInnen zu-gehen). Das Pausenzeichen // bedeutet Stopp (= nachdenken, HörerInnen verarbeiten lassen, eventuell Richtung ändern). Das kann einzeln gleichzeitig, paarweise oder im Solo mit dem Rest der Klasse als Publikum geübt werden.

♥ ✳ **Paradox üben:** Abschnitte absichtlich zu lang machen. Bewegungsrhythmus verändert sich, das Sprechen wird unbequem, der Atem geht aus, man muss unwillkürlich irgendwo stehen bleiben, wo möglicherweise eine Pause gar nicht passt.

Text mit Sprechbögen

In den Herbstferien // besuchten wir meine Großmutter auf dem Land. // Wir ließen alle elektronischen Geräte zu Hause. // Und wirklich, // die Woche ohne Laptop, Handy und Gameboy // war mit mehr Erlebnissen gefüllt, // als wir uns zuerst vorstellen konnten. // Sieben Tage Landschaft, Tiere, Pflanzen, Bergsee und Wildbach. // Die anfangs kitschige Idylle // hat uns alle sehr entspannt. //

Klangfarbe

Diese gibt die Emotion, Stimmung im weitesten Sinn wieder.

11.3 Vorlesen – Plädoyer für eine verloren gegangene Fähigkeit

Viele SprecherzieherInnen und StimmtrainerInnen begegnen in ihrer Arbeit in den letzten zwei Jahrzehnten zunehmend einem erstaunlichen Phänomen. Menschen aller Altersstufen sind unfähig, sich den Sinn eines Textes **laut lesend** zu erschließen. Beim Vorlesen werden zwar die Wörter akustisch richtig entschlüsselt, häufig in der Absicht, Versprecher zu vermeiden, die Bedeutung wird jedoch nicht oder unvollständig erfasst. Vorlesen wird anscheinend mit zunehmendem Alter immer peinlicher, Menschen mögen diese Tätigkeit nicht. Sie erleben es als Zumutung und wollen die Situation so rasch wie möglich und so emotionslos wie möglich hinter sich bringen. Als Entschuldigung für das mangelnde Textverständnis wird oft erklärt, dass man den Text vorher nicht leise durchlesen konnte.

Verwunderlich ist diese Entwicklung nicht. Im Kinderzimmer verdrängen Hörkassetten die vorlesenden Eltern oder Großeltern. Im Allgemeinen setzen wir uns in der Grundschule zum ersten und zum letzten Mal mit dem Vorlesen auseinander. Nämlich dann, wenn es darum geht, Lesen zu lernen, geschriebene Wörter zu hörbaren Äußerungen zu machen. Das war es dann. Im weiteren Erwachsenenleben ist Vorlesen als kommunikative Technik eher negativ besetzt. PolitikerInnen treten mit Manuskript auf – manchmal mit einem fremden – und „lesen runter". Vorlesen im liturgischen Raum besticht durch eine vermeintlich übertriebene Heiligkeit der Texte und wenige AutorInnen sind in der Lage, ihre fesselnd geschriebenen Bücher auch fesselnd vorzulesen.

Das ist nun nicht einfach das Vernachlässigen einer kommunikativen Technik. Die Einschränkung des Vorlesens hat Auswirkungen auf unser gesamtes sprachliches Kommunikationsverhalten. Aussprechen verhilft dem Denken zu mehr Klarheit. Das Hörverstehen fördert unsere Fähigkeit zur freien Rede. Sprechen und Denken müssen beim Reden gleichzeitig ablaufen. Parallel, nicht nacheinander. Im Idealfall kann man sich das so vorstellen: Unsere Gedanken sind „Text im Kopf", der durch die Sprechwerkzeuge nach außen formuliert wird. Mit der Formulierung, mit dem lauten Sprechen unseres „Manuskripts im Gehirn" wird uns der Gedanke selbst klar. Wir wissen, was wir sagen. Die Gleichzeitigkeit von Sprechen und Denken wird durch das Vorlesen gefördert.

Von der Seite der physiologischen Verarbeitung gibt es ebenfalls interessante Informationen. Beim Hören und Verstehen von Sprache werden immer Nervenimpulse an unseren Sprechwerkzeugen festgestellt. Allein beim Lesen stellt sich der Sprechapparat so ein, als müsste er die Informationen laut wiedergeben. Kinder und alte Menschen lesen Texte oft halblaut, weil eben diese Nervenimpulse verstärkt auftreten und diese das Verstehen erleichtern.

Ergänzend kann man noch die Ergebnisse der PISA-Studien einbeziehen. Sie zeigen immer wieder Mängel im inhaltserfassenden Lesen auf. Aussprechen unterstützt das Textverstehen. Vorlesen braucht über alle Schuljahre hinweg einen fixen Platz in allen Fächern.

Unter folgenden Voraussetzungen wird es seine fördernde Wirkung auf die Kommunikation zeigen:
- Hilfreich ist immer die Vorstellung: Ich bin die/der **AutorIn** und schreibe diesen Text gerade jetzt. Kein Hörer, keine Hörerin hat eine Vorstellung davon, was kommt.
- **Blickkontakt:** Die/Der VorleserIn muss mit der Hörerschaft Blickkontakt haben. Sie/Er soll getrost mit dem Finger eine Markierung setzen, um in den Text zurückzufinden. Der Blick soll immer wieder von der Vorlage gelöst werden.
- **Mimik und Gestik** dazu einsetzen. Ganz bewusst darauf achten, die Körpersprache zu verwenden.
- Das **Vorlesetempo** muss bewusst zurückgenommen werden. Das oft beobachtete forcierte Sprechtempo fördert eine überhastete Aussprache und erschwert das Verstehen.
- Eine **Intonationsschulung** verhindert, dass es zu einer stereotypen Betonung der letzten Wörter vor dem Punkt kommt.
- **Interpunktionszeichen** sind zu „ignorieren". Steuern Sie der Tendenz entgegen, dass SchülerInnen vor Komma und Fragezeichen die Stimme anheben und sie nur beim Punkt senken.
- **Versprecher** sind **niemals** ein Bewertungskriterium. Versprecher übergehen. Korrigieren Sie nur, wenn der Zusammenhang unklar ist.
- Korrigiert werden sollen hingegen immer **falsche Melodienverläufe** oder falsche Betonungen. Unterbrechen Sie dazu am besten die/den SchülerIn kurz und bieten Sie eine alternative Betonung an.

11. Sprech-Lehre

Praxis

♥ **Selbstreflexion:** Bitte überprüfen und reflektieren Sie kritisch die Einhaltung dieser Kriterien bei sich selbst in den Vorlesesituationen im Unterricht, bei Informationsveranstaltungen für Eltern, bei privaten Ansprachen nach Manuskript.

♥ Hören Sie bewusst guten SprecherInnen bei Nachrichten, Romanlesungen etc. zu. Auch Hörbücher mit guten SprecherInnen empfehlen sich dafür. Sprechen Sie immer wieder einige Sätze davon genau so melodisch, so betont aus wie die/der SprecherIn!

Unterrichtstipps

✳ Wenn Ihre SchülerInnen vorlesen, sorgen Sie dafür, dass sie Kontakt mit den ZuhörerInnen halten und den Blick von der Vorlage lösen.
Verhindern Sie, dass alle anderen – die HörerInnen – den Text mitverfolgen.
– Regel Nr. 1: Wenn eine/r liest, klappen die anderen ihre Unterlagen zu!

12. Warm-up: Stimmfit in fünf Minuten

12.1 Einführung

Stimmhygiene und Aufwärmen der Sprechwerkzeuge sind ein „Must" für StimmarbeiterInnen. Einerseits ist es ratsam, Ihre Stimme vor allem am Morgen wie den Rest des Körpers zu reinigen. Ansonsten bekommen unsere armen ZuhörerInnen das morgendliche Kratzen, Knacken, Räuspern, die Heiserkeit, die Brüchigkeit und andere stimmliche Unappetitlichkeiten in ihre Ohren.

Andererseits verträgt Ihre Stimme keinen „Kaltstart". Nachdem sie eine Leistungsfunktion unseres Körpers (keine Dauerfunktion) ist, kann man Sprechen mit einer sportlichen Leistung vergleichen. Kein Spitzensportler mutet seinen Muskeln einen Wettkampf ohne Aufwärmen zu!

Mein erklärtes Ziel ist, Ihnen nicht mehr als fünf Minuten täglich abzuverlangen, um die Stimme gut für den Tag zu rüsten. Die Übungen sind bewusst knapp gehalten. Sie stellen eine Grundausrüstung dar und sind für den täglichen Einsatz im Idealfall **vor** Ihrem Unterrichtstag konzipiert. Alle relevanten Teilbereiche der Stimmgebung werden angesprochen und werden sich bei regelmäßigem Training positiv auf Ihr stimmliches Leistungsvermögen auswirken.

Achtung: Das Programm ist kein Ersatz für eine ärztliche oder stimmtherapeutische Behandlung, wenn bereits eine Stimmstörung vorliegt.

Praxis

♥ Sie brauchen einen Probesatz, der Sie viele Jahre lang begleiten kann, der Ihnen vermutlich nicht langweilig wird, den sie aber bald auswendig können. Geeignet sind Zitate, Lebensmottos, drei Gedichtzeilen. Nicht mehr. Dieser Probesatz wird sich zu Ihrem persönlichen Stimmbarometer entwickeln. Nach einiger Zeit wissen Sie ganz genau, welche Verfassung Ihre Stimme an einem bestimmten Tag hat. Der Vergleich macht Sie sicher.
Sprechen Sie den Probesatz unaufgewärmt zwei-, dreimal aus. In guter Haltung, stehend, begleitet mit Gestik. Es ist natürlich möglich, dies aufzunehmen. Machen Sie einen Check: Wie viel Stimmkraft haben Sie eben zur Verfügung? Hilfreich ist eine Skala von 0 bis 100 Prozent. Beurteilen Sie, mit wie viel Prozent Sie momentan sprechen können.
Wo spüren Sie Ihre Stimme körperlich? Wie nahe klingt sie? Füllt sie schon den Raum oder nur ein bisschen, vor Ihnen, hinter Ihnen?

♥ Dann wärmen Sie Ihre Stimme auf. Absolvieren Sie die fünf Minuten des Programms.

♥ Anschließend sprechen Sie wieder den Probesatz. Die Veränderung wird deutlich hörbar und wahrnehmbar positiv sein. Beschreiben Sie die Veränderung. Nun sind Sie stimmfit für den Tag.

12. Warm-up: Stimmfit in fünf Minuten

Anfangs, solange Sie selbst den Unterschied nicht sicher ausmachen, üben Sie etwa fünf Mal im KollegInnenkreis oder mit einem Freund, einer Freundin. Meist hören andere viel schneller, was sich alles klanglich tut.

Sollte sich **gar nichts** tun, dann ist vermutlich ein Griff in die persönliche Stimmapotheke angesagt. Dann pendelt die Stimme an der unteren Leistungsgrenze herum und braucht Sonderunterstützung für den Tag in Form von z. B. Lutschpastillen.

Das Aufwärmprogramm soll etwa bis 90 Minuten vor dem Stimmeinsatz durchgeführt werden.

Bevor Sie das erste Mal mit der CD arbeiten, lesen Sie bitte alle Anleitungen genau durch. Jede Übung hat einen kurzen, detaillierteren Einführungstext. Dann folgt die knappe Übungsanleitung (kursiv gedruckt), die Sie auch im ersten Durchgang des Programms auf der CD (● 1–5) finden, meine Stimme begleitet Sie.

Bei regelmäßigem Gebrauch werden Sie die Übungen automatisiert haben und mit kleinen persönlichen Veränderungen, die Ihnen gut tun, durchführen. Dafür haben wir die Cuts noch einmal ohne Text aufgenommen. Dieser zweite Durchgang (● 6–10) ermöglicht Ihnen auch, das Aufwärmprogramm für eine Klasse, für KollegInnen … selbst anzuleiten. Als Ausgangspunkt können Ihnen dabei die von mir gesprochenen Anleitungen dienen. Im Lauf der Zeit passen Sie sie dann an Ihr eigenes Publikum an.

Eine gute Einstimmung auf die Stimm-CD sind einige Atemzüge im Liegen noch im Bett – Hände auf dem Bauch. Und: Gehen Sie vom Bett ins Badezimmer gleich auf Zehenspitzen. Diese wenigen Meter sorgen für eine hilfreiche Dehnung und Streckung des Körpers, die wir stimmlich gut brauchen können.

12.2 Die Übungsbeschreibungen

Übung 1: Warm-up-Mambo

♥ Grobverspannungen lösen. Resonanzkörper lockern mit Schüttellauten.
Wir beginnen hüftknochenbreit stehend. Beide Füße geben Halt. Gewicht auf beide Beine gleichmäßig verteilen. Lockere Knie. Schwingen Sie beide Arme gegengleich fünfmal nach vorne bzw. hinten. Nehmen Sie dann auch ein Bein dazu. Die rhythmische Armschwingung sorgt für das Gleichgewicht. Fünfmal vorwärts und rückwärts schwingen. Standbein wechseln.
Sie können anfangs das Beinschwingen an einer Sessellehne oder an der Wand abstützen.
Wieder auf beiden Beinen stehen. Beginnen Sie mit den Schüttellauten. Unterkiefer hängt locker. Phonieren Sie den Schwa-Laut, ein O oder A. Auf unspezifischer Tonhöhe, wie es an diesem Tag gerade kommt und bequem ist.

12. Warm-up: Stimmfit in fünf Minuten

Erste Station: Leicht nach vorne beugen. Oberarme, Ellbogen und Schultern schütteln.
Zweite Station: Aufrichten. Kopf und Hals schütteln. Die Wangenmuskulatur schwabbelt deutlich spürbar mit.
Dritte Station: Becken und Beine. Das machen wir mit Knieschlottern. Der Ton „hüpft" dabei gut hörbar, dann ist es richtig.
An Tagen voller Energie und Schwung schütteln Sie in den letzten Sekunden den ganzen Körper wild und mit Ton.
An Tagen mit nicht so viel Energie schließen Sie mit einem Durchgang „Dehnen und Strecken" ab.
In jedem Fall beenden Sie mit einem genüsslichen, stimmhaften Seufzer.

🔘 1

Im Stehen beide Arme gegengleich schwingen ... Etwa fünfmal ist gut ... Jetzt ein Bein mitschwingen, locker vorwärts und rückwärts bewegen ... Das Standbein wechseln ...

Das Gewicht wieder auf beide Beine verteilen. Lockere Knie, lockerer Kiefer. Beginnen Sie mit den Schüttellauten ...

Erste Station: Leicht nach vorne beugen. Oberarme, Ellbogen und Schultern schütteln ... mit Ton ...

Zweite Station: Aufrichten. Hals und Kopf sind dran. Die Wangenmuskulatur schwabbelt deutlich spürbar mit ...

Dritte Abteilung: Becken und Beine schütteln. Das machen wir mit raschem Federn in den Knien ... Der Ton „hüpft" dabei gut hörbar, dann ist es richtig.

Übung 2: Velvet Breath

♥ Atemrhythmus, muskuläre Gegenspannung, Zwerchfell-Erhaltungsdosis.
Erste Phase: Stehen Sie auf beiden Beinen. Arme baumeln nach unten. Schultern lockern. Wenn es möglich ist, können Sie dabei auch die Augen schließen. Richten Sie Ihre Aufmerksamkeit auf Ihren Atem. Beobachten Sie ihn etwa fünf Atemzüge lang. Sie und Ihr Atem – und sonst nichts. Atmen Sie durch die Nase ein. Atmen Sie auf ein leichtes „fffffff" oder „hhhhhh" oder eine Mischung aus beiden durch den leicht geöffneten Mund aus. Und stets geduldig wahrnehmen, wie der Atem ohne viel Zutun einströmt, von selber kommt.

In der **zweiten Phase** übernehmen Sie die bewusste Atemsteuerung. Deutlich hörbar wird ein schschschsch**sch**, dann auch ein ffffffffffff. Nicht an die Grenze des Ausatems gehen, sondern früher, bewusst das letzte **sch** verstärken, eine Spur lauter werden. Wir lösen einige Male damit den Reflex für das automatische Einatmen aus. Gleichzeitig üben wir das Aufbauen einer muskulären Gegenspannung. Dazu nehmen wir die Pobacken oder abwechselnd den Beckenboden. Muskelspannung während des Ausatmens aufbauen, verstärken, halten – und mit dem letzten, verstärkten **ffff** loslassen.

12. Warm-up: Stimmfit in fünf Minuten

Dritte Phase: die „Zwerchfell-Erhaltungsdosis". Rhythmisches Ausschnauben durch die Nase. Der Mund bleibt geschlossen. Wenn Sie möchten, legen Sie dabei die Hände leicht auf das Zwerchfell und spüren Sie seine intensive Bewegung. Zwischen den einzelnen Schnaubern den gesamten Bauch wieder ganz loslassen.

◉ 2

Sie und Ihr Atem und sonst nichts ... Beobachten Sie Ihr eigenes Ein und Aus ... Nun machen Sie den Atem deutlich hörbar ... Verstärken Sie das letzte sch ... Gleichzeitig im Beckenboden oder den Pomuskeln die Spannung aufbauen, verstärken, halten und exakt am Ende des Ausatmens wieder loslassen ... Rhythmisch ausschnauben durch die Nase zum Schluss ... Der Mund bleibt zu ... Guten Tag, Zwerchfell!

Übung 3: Tongue Twister

♥ Mundwerkzeuge für eine präzise Artikulation lockern.

Die klassischen Übungen für die Artikulationszone – Zungenschnalzen und Zungenflattern. Beim Schnalzen liegt die Zunge an ihrem Ruheplatz, am Alveolarrand, hinter den oberen Zähnen. Die Lippen sollen beim Schnalzen durchaus intensiv bewegt werden. Keine Scheu vor dem Rausstrecken, je weiter, umso besser für die Zungenbeweglichkeit.

Küsschen mit übertrieben gespitzten Lippen verschicken, am besten mit Handgestik begleiten. Spürbar wird dabei der gespannte Muskel knapp **hinter** den Lippen. Dazwischen ein Breitmaulfrosch-Lächeln als Entspannung einbauen.

Mindestens 30 Sekunden weiches Lippenflattern mit dem „Motorrad". Dabei Töne von hoch nach tief mitproduzieren. Am Ende der Übung die verbesserte Durchblutung im Mundbereich bewusst spüren. Die Lippen fühlen sich voller an. Ansonsten: Diese Übung wiederholen!

◉ 3

Das klassische Artikulationstrio: Lassen Sie uns mit der Zunge beginnen ... Schnalzen und Flattern ... Beim Schnalzen die Lippen intensiv mitbewegen ... Jetzt das Flattern ... Die Küsschen verschicken ... Lippen ganz fest nach vorne spitzen ... Lockeres Lippenflattern mit Tongebung ... Dranbleiben bis zum Schluss ... und spüren, dass die Lippen sich voller anfühlen.

12. Warm-up: Stimmfit in fünf Minuten

Übung 4: Hummy Lips

♥ Summen, Vibrationen regenerieren die Stimme, Resonanzempfinden stärkt den Klang.

Summen regeneriert die Stimme und soll auch im Alltag oft praktiziert werden. Ihr Empfinden für Vibrationen und mehr Resonanzen wird feiner. Der Klang der Stimme voller.

Legen Sie die Lippen ohne Druck aufeinander und summen Sie. Die Tonhöhe soll bequem sein. Ob Sie richtig oder falsch intonieren, ist kein Kriterium. Sie sollen spüren, dass die Lippen vibrieren und sich im Verlauf des Trainings die Vibrationen auf den Nasen- und Mundbereich ausbreiten – an guten Tagen auf den gesamten Kopf. Die Mundeinstellung kann etwas spitzer oder breiter gewählt werden. Dort, wo **für Sie** das leichte Kitzeln gut spürbar ist, ist es richtig. Sobald die Vibrationen deutlich spürbar sind, stellen Sie sich in der Mundhöhle eine golfballgroße Luftkugel vor. Der Ton wird tiefer, runder, voller, der Kehlkopf senkt sich. In dieser Einstellung – mit gleichzeitig lächelnden Augen – summen Sie. Rechtzeitig atmen, die Luft nicht ausgehen lassen, immer, wenn Sie einen Atemzug brauchen, machen Sie ihn. Spielen Sie ein bisschen mit der Größe der Luftkugel, senken Sie den Kehlkopf immer tiefer ab.

Variante: Wenn Sie Lust auf mehr Good Vibrations haben und Zeit vorhanden ist, dann summen Sie noch eine Minute zur selben Musik auf „nnnn". Da vibriert jetzt die Zungenspitze am Gaumen und leitet die Vibrationen auf einem anderen Kanal in den Kopf.

Als weitere **Variante** können Sie M und N summen – im Wechsel nach jeweils etwa 10 Sekunden.

⏺ 4

Summen Sie auf bequemer Tonhöhe zuerst einfach ein M ... Bequem atmen, immer rechtzeitig Luft kommen lassen ... Nehmen Sie die Vibrationen auf den Lippen wahr ... Jetzt die Luftkugel in der Mundhöhle vorstellen ... Weitersummen mit lächelnden Augen ... Die Vibrationen weiten sich aus ... Genießen Sie es!

Übung 5: Bubbling Voice Sonata

♥ Schwelltöne, erhöhtes Tempo, Registermischung.

Ohne Druck zu mehr Lautstärke ist das Motto von Übung 5. Mit den Reibelauten **wwwww**, **sssss** und **schschschsch** erzeugen wir stimmhafte Schwelltöne. Große Weite im Hals- und Rachenraum ermöglicht mehr Luftfluss. Damit brauchen wir für die Lautstärke wenig Druck. Der Ton schwillt an und ab, von leise nach laut und zurück, von stark nach schwach und retour.

12. Warm-up: Stimmfit in fünf Minuten

Das wwwwwww ist außerdem der tonisierendste Laut, den wir haben. Bei seiner korrekten Bildung berühren die oberen Schneidezähne die untere Lippen-Schleimhautlinie. Die Vibrationen sind gut zu spüren. Anfangs dabei mit den Händen etwa auf Taillenhöhe waagrechte Kreise in der Luft beschreiben. Sie verdeutlichen das Anschwellen und fördern die Übung.

Ein lockeres Kiefergelenk kann dann schon rascher artikulieren. **Blobb-Blobb** und **Plopp-Plopp**. Nach jedem Plopp oder Plapp fällt der Kiefer locker und weit nach unten. Die Wangen werden bei dieser Übung prall mit Luft gefüllt. Mit dem Lösen der Lippenspannung beim letzten Buchstaben der Silbe Plo**pp** entweicht die Luft aus den „Hamsterbacken". Sie können die Silben nur sprechen oder auf der Tonhöhe variieren.

Zum guten Schluss mischen Sie noch Ihre gesamte Stimmpalette zusammen. Von oben nach unten gleitet ein „uuuu" mit spitzen Lippen. Rutschen Sie von einer relativ hohen Tonlage bis in die Tiefe. Setzen Sie leise und behutsam an, gleiten Sie in Ihre Tiefe, ohne den Druck zu verändern. Mit den Schleiftönen verbinden wir Kopf- und Bruststimme. Bei den Herren der Schöpfung ist das deutliche Umkippen von hoch nach tief okay. Versuchen Sie nach einigen Wochen, sanfter zu gleiten und das Kippen behutsamer zu machen.

⬤ 5
Die Töne sollen an- und abschwellen … rhythmisch von leise nach laut und wieder zurück … von schwach nach stark und wieder zu schwach …
Die kreisende Handbewegung dazu ausführen … die Schwelltöne unterstreichen …
Wechseln zur temporeichen Artikulation … Die Wangen mit ganz viel Luft auffüllen …
Und jetzt die gesamte Tonpalette mischen … Der Schleifton rutscht aus großer Höhe mit U nach unten.

⬤ 6 bis ⬤ 10: Musik zum Übungsprogramm, ohne Text

⬤ 11: Probesatz vor dem Warm-up und danach
Hänschen klein ging allein in die weite Welt hinein.

13. Individuelles Stimmmanagement – Basics

In Ihre persönliche **Stimmbibliothek** gehört ein Minimum von fünf Büchern (genauere bibliografische Angaben in der Literaturliste):
- der Aussprache-Duden
- ein Grundlagenwerk (z. B. Marita Papst-Weinschenk, Grundlagen)
- ein Standardlehrwerk zur Aussprachelehre (z. B. Balser-Eberle, Korcak, Hinsch)
- ein Werk zu Rhetorik/Präsentation (z. B. Hierhold, Asgodom, Braun)
- ein persönlicher Favorit

Je nachdem, wie Ihr persönlicher Zugang zur Sprechbildung ist, wählen Sie Ihren Schwerpunkt:
- Atmung (Coblenzer/Muhar)
- Körperwahrnehmung (Loschky)
- Technisch-physikalisch (Mathelitsch/Friedrich)
- Therapie (Haupt 2006)
- Kommunikativ (Eckert/Laver)

Sie haben Ihren persönlichen **Stimmarzt**, Ihre persönliche **Stimmärztin**.

Sie besuchen ein **Stimmseminar** alle fünf Jahre oder zwei bis drei Einzelsitzungen jährlich.

Sie können
- gähnen,
- schweigen und sich abgrenzen,
- aufwärmen,
- ökonomisch rufen.

Sie haben ein Ohr für gesunde Stimme und Störungen entwickelt.

„Jedem professionellen Sprecher – und das sind besonders Sie als LehrerIn – sein/ihr **eigenes Infektmanagement**." Ich schließe mich der Aufforderung von Matthias Weikert (Stimmarzt der Regensburger Domspatzen) gerne an. Aufgrund Ihrer eigenen Stimmerfahrung in den Jahren Ihrer Tätigkeit, mit der Kenntnis Ihres Körpers, seiner Reaktionen und mit gesundem Hausverstand stellen Sie schon mal für sich selbst eine „individuelle Stimm-Pflege-Box" zusammen. Mit Ihrer/m StimmspezialistIn und Ihrer/m HausärztIn gemeinsam ergänzen Sie die Box zu Ihrer persönlichen Stimmapotheke.

Bestimmt gibt es bereits erprobte Mittel, von denen Sie für sich wissen, dass Sie gut tun und helfen, wenn die Stimme sie braucht. Der FachkollegInnenkreis ist sich einig: Je besser Ihr subjektives Stimmgefühl ausgeprägt und geschult ist, umso frühzeitiger kann der Stimme geholfen werden.

13. Individuelles Stimmmanagement – Basics

Praxis

♥ In die **Toolbox** für die Schule gehören als Standardausrüstung die Trinkflasche, Lutschpastillen und ein Seiden- bzw. Wollschal (je nach Jahreszeit). Aus der Homöopathie noch Globuli Arum triphyllum D30. Beim ersten Anzeichen von Halskratzen und Stimmschwäche fünf Globuli in einem Glas Wasser auflösen. Jede Viertelstunde einen Schluck einnehmen. Das ist eine absolute Notfallmaßnahme zum Durchhalten für etwa fünf Unterrichtsstunden (mit viel Gruppenarbeit)! Lassen Sie sich nie ohne Grundausrüstung erwischen ...

♥ **Kräuter und Gewürze:** Pastillen und Tees für die Stimme werden in bewährter Weise mit Fenchel, Salbei, Thymian, Bertram, Königskerze (Rezept für Stimm-Kräuterwein im Kapitel 15), Isländisch Moos, Schwarzen Johannisbeeren, Zitrone, Eibisch, Rosenholz, Süßholzwurzel, Mineralsalzen zubereitet. Die Tees sehr dünn brühen, sogenannte „blonde Tees". Sie sollen davon ja mindestens einen Liter trinken. Faustregel: 1 Liter Wasser – 1 Kaffeelöffel Kräuter – 1 Minute ziehen lassen.
Pastillen (möglichst zuckerfrei) zur Pflege lutschen, sie regen den Speichelfluss an und unterstützen die Regeneration der Schleimhäute. Isla Moos, Isla Cassis, Emser Pastillen und Bad Gleichenberger Pastillen sind die bekanntesten.
Verzichten Sie auf Menthol und Minzen in allen Varianten! Sie haben eine austrocknende Wirkung, machen zwar die Nase frei, tun dem Stimmapparat aber nicht besonders gut.
Vermeiden Sie Aspirin vor allem bei einer akuten Kehlkopfentzündung! Aspirin verdünnt das Blut, die Gefahr einer Stimmbandschleimhautblutung droht, vor allem dann, wenn die Stimme trotz der Erkrankung nicht geschont wird!

♥ **Halswickel:** bewährt, probat und sehr beliebt in Sängerkreisen. Wenn Sie sich für Wickel erwärmen können, zögern Sie nicht. Ob warm oder kühl, mit Öl, Topfen/Quark oder Kartoffeln, was für Sie passt. Werden Sie WickelexpertIn. Umwickeln Sie den kranken Hals, und dann ab ins Bett!

♥ **Inhalationen:** lindern Heiserkeit meist ganz schnell. Am besten salinische Lösungen inhalieren. Wasser mit zwei Kaffeelöffeln Kochsalz (oder zehn Emser Pastillen) aufkochen. Wenn der Dampf nicht mehr zu heiß ist, Handtuch über den Kopf ziehen, zehn Minuten inhalieren. Für unterwegs gibt es den Macholdt Aktiv-Inhalator, der die Stimmbänder tatsächlich direkt befeuchtet (Apotheke).

♥ **Dampfdusche:** Am Morgen unter der Brause Wasser, so heiß Sie es vertragen, über den leicht nach vorne geneigten Nacken laufen lassen. Eine Minute Dampf inhalieren.

14. Themen und Anregungen

Deutsch
- Wortschatzübungen „Stimme"
- Redewendungen
- Mittelalterliche Texte ohne Gliederung auf ihre Verstehbarkeit untersuchen

Fremdsprachenunterricht
- Intonationsvergleiche anstellen
- Französisch mit deutschem Akzent sprechen etc.
- Lautschrift erlernen, auf Deutsch übertragen

Mathematik
- Verhältnisrechnungen, Bruchrechnen mit Obertönen
- Frequenz etc. bebildern

Physik
- Schall, Lautstärke, Dezibel: Was ist wie laut? Vom rauschenden Blatt bis zum Düsenflugzeug. Was hält ein menschlicher Körper aus? Welche Störungen treten auf, was schadet uns?
- Warum können wir um die Ecke hören, nicht aber sehen?
- Obertöne
- Schallwellen formen/Lautbildung
- Bernoulli-Effekt
- Infraschall – Ultraschall – menschlicher Hörbereich
- Ausbreitung tiefer und hoher Töne (Bass + Sirene)

Biologie
- Stimmapparate anderer Lebewesen
- Wer hat Stimmbänder/Kehlkopf ähnlich wie wir Menschen?
- Wer hat ganz andere Möglichkeiten, Laute zu erzeugen: von der Klapperschlange bis zur Syrinx.
- Welche Laute kann nur der Mensch erzeugen (Konsonanten)?
- Wiehern Pferde beim Ein- oder Ausatmen?
- Wie macht das der Esel?
- Kann ein Papagei wirklich sprechen?
- Walfischgesänge
- Delfinkommunikation
- Automatische Atemergänzung im Tierreich? Kühe, Hunde, Schafe, Katzen „spannen ab".
- Das menschliche Ohr
- Knochen- und Luftleitung
- Pflanzen für die Stimmpflege

Geografie
- Sprachräume
- Wie viele ErdbewohnerInnen sprechen Chinesisch?
- Wo spricht man überall Spanisch?
- Andere Länder – andere Körpersprache: Wie wird z. B. Blickkontakt in verschiedenen Kulturen gehandhabt?
- Welche Begrüßungsrituale gibt es?
- Welche Diskussionsmethoden gibt es? Vom Palaver bis zur parlamentarischen Auseinandersetzung.

Sport
- Körperwahrnehmung
- Atmung und Bewegung
- Begleitende Rufübungen
- Stimmliches Fan-Verhalten bei Wettkämpfen
- Schwimmen: bester Sport für die Atemmuskeln. Zum Abschluss jeder Schwimmstunde eine Länge mit Beobachtung der Atmung.

Philosophie
- Der Mensch wird am DU zum ICH. (Martin Buber)
- Zitate sammeln zum Themenkreis „Stimme, Sprechen, Hören"

Geschichte
- Berühmte RednerInnen aller Epochen, Redekultur von der Antike bis zur Gegenwart
- Berühmte SängerInnen aller Richtungen, „von Caruso bis zu Robbie Williams"
- Edisons Schallplattenspieler
- Telefon und andere kommunikative Erfindungen zur Stimmübermittlung
- Antikes Theater – vorbildliche Akustik
- Tonträger: von Schellacks und DVDs

Chemie
- Substanzen aus der Stimmmedizin im weitesten Sinn auf Inhaltsstoffe untersuchen
- Rezepturen von Halspastillen untersuchen

Informatik
- Stimmprojekte mit Statistiken etc. begleiten und auswerten
- Internetrecherchen zu verschiedenen Stichwörtern des Themas vornehmen: Morsen, Telefonie, iPod, MP3-Files …

14. Themen und Anregungen

Werkunterricht
- Steine für die Stimme fassen (mehr zum Zusammenhang von Steinen und Stimme in Amon 2007)
- Chalzedone (Steine der Redner) zu Schlüsselanhängern oder Ketten verarbeiten
- Halstücher, Schals, Freundschaftsbänder in Türkistönen (Farbe der Stimme) herstellen

Ernährung und Haushalt
Stimmbrötchen nach Hildegard von Bingen mit stimmpflegendem Bertrampulver backen.

Rezept: **800 g Dinkelweißmehl** und **100 g Dinkelflocken** in eine sehr weite Schüssel geben und eine Mulde drücken. **600 ml lauwarmes Wasser** in einen engen Krug füllen. Von diesem Wasser zirka 100 ml in die Mulde gießen und **1/6 Würfel Hefe (= 7 g)** darin auflösen. Mit so viel Mehl mischen, bis das sogenannte „Teiglein" entsteht. Dieses Teiglein in den Krug zurücklegen.

Inzwischen **100 g Sonnenblumenkerne** rösten und abkühlen lassen. Diese zusammen mit **1 Msp. Galgantpulver, 1 Kaffeelöffel Bertrampulver, 3 Msp. Rohrohrzucker** und **1 Esslöffel Salz** in die Mulde geben.

Sobald das Teiglein an der Wasseroberfläche schwimmt, lässt man es zusammen mit dem Wasser in die Mulde gleiten und mischt es mit dem Mehl. Einen eher weichen Teig kneten, diesen gut mit Dinkelfeinmehl bestauben und einmal gehen lassen. Danach nochmals mit Mehl bestauben und „schleifen".

Den Teig in Portionen teilen, Kugeln formen und auf ein mit Backpapier belegtes Blech setzen. Den bemehlten Stiel eines Kochlöffels fest in die Mitte der Kugeln drücken. Mit Wasser besprühen oder bepinseln und in den entstandenen „Graben" geröstete, **gehackte Sonnenblumenkerne** streuen.

Backen: bei 160 Grad Umluft etwa 25 Minuten

Menschen einladen, die ihre Stimme besonders benützen
- StimmenimitatorInnen
- BauchrednerInnen
- Countertenöre
- JodlerInnen
- SprecherzieherInnen
- Sängerknaben, Sängerin aus Mädchenchor

Musikerziehung
- Auf YouTube einen Song von verschiedenen InterpretInnen anhören: Wer artikuliert wie? Zu wem passt der Song stimmlich am besten?
- „My Fair Lady" – Musical von Frederick Loewe

14. Themen und Anregungen

Bühnenspiel
- Moderieren üben

Chorgesang
- Aufwärmprogramm für Chorsänger (CD von bonavox)

Kommunikative Fächer
- Aktives Zuhören üben
- TV- und RadiomoderatorInnen auf ihre Wirkung untersuchen

Bildnerische Erziehung/Kunst
- Anatomische Darstellungen des Stimmapparates in der Kunst
- Kunstfotografie
- Porträts berühmter StimmkünstlerInnen (z. B. Andy Warhols Porträts von Elvis Presley, SängerInnen in der Oper, bei Popkonzerten)

Ethik/Religion
- Stimmen im Gebet
- Meditativer Sing-Sang in den Weltreligionen
- Mönche in den Charts
- Der heilige Blasius als Schutzpatron der Stimme

Exkursionen/Lehrausgänge
Überall dorthin, wo mit Stimme gearbeitet wird:
- Opernhaus
- Theater
- Musical
- Popkonzerte
- Radiosender, Fernsehstudios
- Parlament
- Klöster, in denen von Mönchen oder Nonnen Gesang gepflegt wird

15. Tipps vom Expertenpool stimme.at

Langsam und in Bildern sprechen, wiederholen, wiederholen, wiederholen. (Alfred Autischer, Salzburg)

Jeder Mensch hat sein eigenes Verständnis von Sprachinhalten. Diese Originalität und Einzigartigkeit macht das Schöne am Sprechen aus. So hört sich z. B. ein Gedicht bei jedem Schüler anders an. Wir vermitteln beim Erzählen und Präsentieren hauptsächlich Bilder und Geschichten. Die sind so verschieden, wie die Menschen verschieden sind. Fördern Sie die Ihnen anvertrauten Kinder und Jugendlichen stets im eigenen, persönlichen Ausdruck. (Petra Maria Berger, Wien/Amstetten)

Bevor Sie Ihr Klassenzimmer betreten und Ihre Schüler begrüßen, lassen Sie mit einer Art „Stoßseufzer" alle Anspannung des Tages, der Vorbereitung los. Holen Sie vor der Begrüßung nicht extra (und viel) Luft, sondern beginnen Sie aus der Ruheausatmung heraus mit dem Sprechen. (Joachim Beyer, Heidelberg)

Viel Sauerstoff und Wasser halten Geist und Stimme munter. Eine Minute Jogging am Platz bei reinigender Nasenatmung mit geschlossenem Mund. Anschließend ein Glas Wasser trinken. Das macht Sie fit für einen stimmlich erquicklichen Unterricht. (Christina Calla Schwab, Stuttgart)

Falsch singende Kinder (sogenannte „Brummer") können sich innerhalb ihrer eigenen „tonalen Wirklichkeit" durchaus stimmlich und musikalisch entwickeln. Die Akzeptanz des „Andersseins" durch den Pädagogen, seine Fähigkeit, die Spontaneität und Singfreudigkeit des Kindes aufrechtzuerhalten (oder zu wecken), führt bei behutsamer und kompetenter Anleitung in den meisten Fällen zu einer wesentlichen Verbesserung der tonalen Treffsicherheit. Eine positive, ermutigende Grundhaltung des Lehrers ist unabdingbare Voraussetzung für sinnlich erlebbare Stimmgebung. Sie ist der Boden, auf dem durch Konsequenz und Geduld dem „Brummer" eine Verbesserung der Intonation ermöglicht wird. (Peter Doss, Wien)

Schauen Sie sich Filme/Vorträge von Gehirnforscher und Philosoph Manfred Spitzer an. Sie klären auf, wie erschreckend sich die Mediensprache auf die Sprachentwicklung der Kinder auswirkt. Informieren Sie die Eltern. Statt Mediensprache brauchen Kinder echte, lebendige Sprache von lebendigen Menschen. (Philomena Erhard, Landsberg am Lech)

Die Stimme und die Sprechweise brauchen Vorbilder. Die Stimme kann sich nur am Modell bilden. Stimmvorbild zu sein ist eine der vielen großen Aufgaben, die Lehrerinnen und Lehrer mit ihrem Beruf übernehmen. (Arno Fischbacher, Salzburg)

15. Tipps vom Expertenpool stimme.at

Schulen Sie Ihr Bewusstsein für die Zusammenhänge zwischen Haltung – Atmung – Stimme. Ihre eigene aufrechte Haltung setzt bei Ihren SchülerInnen den ersten, wichtigen Impuls. (Dr. Walter Glück, Baden bei Wien)

Singen, singen, singen. Einfache Lieder, die keinen inneren Stress verursachen, sondern Spaß machen. Hält die Stimme frisch, stärkt sie, erhöht die Lebensfreude und Ihre Ausstrahlung. Das spüren die Kinder sofort. (Gabriele Haring, Wien)

Richten Sie Ihre Aufmerksamkeit nicht nur auf den Raum, den Sie vor sich haben, sondern auch auf den Raum hinter sich. Er gibt Ihnen „Rückhalt" im wahrsten Sinn des Wortes. Wenn Sie Ihren Rücken auch als Resonanzraum empfinden, bewahrt Sie das vor plakativem Druck in der Stimme beim Sprechen, es verleiht der Stimme volle Resonanz und der Persönlichkeit Souveränität. (Evemarie Haupt, München)

Es ist wesentlich leichter, Rechtschreibfehler zu zählen als die kommunikative Wirkung eines Schülers/Studenten zu beurteilen. Stellen Sie sich als Lehrkraft freudig diesem Anspruch an moderne kommunikative Pädagogik. (Dr. Emil Hierhold, Wien)

Positive, wertschätzende Gedanken und Wörter machen gute Stimmung im Lehrerzimmer und im Klassenzimmer. Die Erarbeitung eines stärkenden, positiven Wordings für PädagogInnen ist ein optimaler Ansatz, um herzliche, fröhliche, ehrliche, offene, authentische Stimmungen im Unterricht aufkommen zu lassen und damit ein gutes Miteinander zu fördern. (Anna Irrendorfer, Perg)

Beim Vortragen und Präsentieren steht eines fest: Wenn Kinder ständig das letzte Wort vor einem Punkt betonen, kann man mit Sicherheit sagen, dass sie ihren Text auswendig gelernt, aber den Sinn nicht erfasst haben. Damit wird die Information vom Zuhörer als monotones Leiern empfunden und nicht als spannende Neuigkeit. (Ing. Thomas Klock, Maria Enzersdorf/Wien)

Begreifen Sie Ihren Unterricht als tägliches Stimmtraining. Entwickeln Sie ein Gespür für stimmliche Nuancen, und das Sprechen wird zu einer Lust, die ein Großteil Ihrer SchülerInnen aufmerksam honorieren wird. Vielleicht ist Ihnen auch Wortwitz zu eigen, womit Sie zusätzlich punkten können. (Anno Lauten, Köln)

Lustvolles Warming-up für die Stimme! Die Stimme braucht Vorbereitung und Lockerung, um gut zu funktionieren. Nehmen Sie sich am Beginn des Schultages drei bis fünf Minuten Zeit oder machen Sie es gleich gemeinsam mit den SchülerInnen: Ein Warming-up mit Spaßfaktor! So haben Sie als Lehrkraft ein tägliches Training für sich – und auch die SchülerInnen profitieren davon. (Mag. Catarina Lybeck, Salzburg)

15. Tipps vom Expertenpool stimme.at

Lassen Sie den Kopf mal hängen!
(Und zwar in einer Pause, wo's keiner sieht.)
Das tut gut den Nackenmuskeln, verhärtet zu Strängen.
Summen Sie dabei leis, und was geschieht:
Der Kopf, der zunächst sich scheute,
fängt sachte an zu baumeln.
Dann richten Sie ihn laaaangsam wieder auf –
zurück zur Meute!
(Olaf Nollmeyer, Oldenburg)

Die aufgeregte laute Lehrerstimme regt die Schüler erst recht dazu an, ebenfalls unruhiger und lauter zu werden. Eine Alternative: Sprechen Sie bewusst ganz leise – und dabei langsam und besonders deutlich. Machen Sie zusätzlich mit der Modulation die Atmosphäre geheimnisvoll. Schonen Sie damit Ihre Energie und Ihre Stimme. (Anja Oser, Heidelberg)

Modulationstraining der Stimme moduliert Ihre Stimmung! Stimmtraining ist immer ganzheitliche Persönlichkeitsentwicklung! (Anja Ozik-Scharf, Rostock)

Üben Sie mit Ihren Kindern Mikrofonsprechen. Die Haltung des Mikrofons kann man mit einem drei Zentimeter dicken Filzstift trainieren. Der Schalleinlass ist immer oben, nicht seitlich. Die Kinder sollen lernen, sich mit einem Mikrofon vor dem Mund beim Reden zu bewegen, nach links, nach rechts, drehen … So verlieren sie die Scheu vor dem technischen Hilfsmittel. (Hermine Pühringer, Linz)

Nehmen Sie die Stille als Quelle und Raum des Klangs Ihrer eigenen Stimme wahr und lernen Sie, diese Stille auch im Lauten zu spüren. Erarbeiten Sie diese Erfahrung mit Ihren SchülerInnen durch Stille- und Wahrnehmungsübungen. Sprechen Sie betont leise und immer nur dann, wenn Stille herrscht. Und die Ohren Ihrer Schüler werden wunderbare Ohrmuscheln werden! (Jorinde Reznikoff, Hamburg)

Versuchen Sie alle Schallquellen (PC, Radio, Arbeitslärm, offene Fenster, Handy, Beamer …) auf ein Minimum zu reduzieren. (Thomas Riedl, Graz)

Entwerfen Sie ein Aufmerksamkeitsritual mit Ihren SchülerInnen für den Beginn einer Stunde. Einen kleinen Gong oder einen Wecker oder ein Glöckchen als Markierung einzusetzen und erst dann mit gut aufgewärmter Stimme zu agieren ist zweckvoll und einsehbar. Senden statt schreien, rufen statt brüllen: Das ist wirkungsvoller und überzeugender, als sich oder andere überschreien zu wollen. (Lena Rothstein-Scholl, Wien)

15. Tipps vom Expertenpool stimme.at

Die wirkungsvolle Inhalationslösung nicht nur für die Stars der Salzburger Festspiele. Sechsmal täglich inhalieren. Mit dem Macholdt Tascheninhalator auch mobil in den Unterrichtspausen möglich (Apotheke). Den Inhalator MIT Nasenansatzstück für die Mundinhalation verwenden.
OP I
Tacholiquin 1 % 10 ml
Bronchibret 10 ml
Dexpanthenol 0,5 ml
0,9 % NaCl auf 200 ml ergänzen
(Dr. Josef Schlömicher-Thier, Salzburg)

Immer wieder eine Stimmung der Ruhe und Sachlichkeit in sich selber kreieren. Mittels unserer Vorstellungskraft oder Imagination. Die Atmosphäre, die wir in uns kreieren, überträgt sich auf unsere Umwelt! Sich verankern – den Boden spüren. Atmen! Atmen erleichtert das Loslassen auf körperlicher Ebene. (Matthias Johannes Schloßgangl, Leonding)

Stimmkräuter-Wein nach Hildegard von Bingen hilft bei Heiserkeit, Erkältungen, Stimmbandproblemen, bei starker Beanspruchung der Stimme. Tagesration: 1/4 Liter Rotwein mit einem Esslöffel der Kräutermischung vier Minuten kochen. Abseihen und einen Kaffeelöffel Bienenhonig dazugeben. In eine Thermoskanne füllen, einen Esslöffel davon pro Stunde warm einnehmen! Die Kräutermischung (Apotheke) besteht aus Königskerze (Verbascum) und Fenchelsamen im Verhältnis 1:1. Durch das Kochen verdampft der Alkohol! (Mag. Brigitte Schmidle, Koblach)

Der Umgang mit der Sprache, die Freude am sprachlichen Ausdruck und das Erleben der eigenen stimmlichen Möglichkeiten werden oft durch die „Paukerei" von Grammatik und Rechtschreibregeln gebremst. Haben Sie den Mut und die Neugier, selber Ihre eigenen positiven Stimmpotenziale kennenzulernen. Denn neben Heiserkeit und Stimmverlust lässt sich mit der menschlichen Stimme noch weit mehr entdecken! Und daran haben bestimmt auch Ihre SchülerInnen ihre Freude. (Esther Schweizer, Hamburg)

Stimme wirkt! – Ein Experiment: Erklären Sie jemandem zweimal dieselbe Aufgabe aus Ihrem Fachbereich. Verwenden Sie dabei ungefähr die gleichen Worte, es geht hier um den Tonfall, die Stimmung, die Sie schaffen. Beachten Sie die Unterschiede in der Wirkung. Einmal erklären Sie die Aufgabe und denken dabei fortwährend: „Das ist jetzt eine komplizierte Sache, gar nicht leicht zu verstehen. Ich fürchte, du wirst da Schwierigkeiten haben …" Dann erklären Sie dieselbe Aufgabe und denken dabei: „Sieh mal, das ist doch eine spannende Sache, das wird dich sicher interessieren …" (Alexandra Schwendenwein, Wien)

15. Tipps vom Expertenpool stimme.at

Kinder lernen berufsbezogene Sprechtechnik sehr schnell. Eingebunden in verschiedene Unterrichtsfächer sind nach meiner Erfahrung nicht mehr als fünf bis sieben Unterrichtseinheiten nötig, um die Kids fit zu machen. (Ulrike Semmelrock, Leinfelden-Echterdingen)

Der Name ist die „Lieblingsvokabel" jedes Menschen. Wenn Sie eine neue Klasse kennenlernen, sorgen Sie in allen nur möglichen Varianten dafür, dass die Vornamen in den ersten fünf Stunden möglichst oft genannt werden. Nützen Sie diese akustische Memorytechnik und verknüpfen Sie dabei bewusst die Namen mit den dazugehörenden jugendlichen Persönlichkeiten. (Dr. Luise Maria Sommer, Langenwang)

Gute Stimme und Sprechweise beeinflussen die Aufnahmefähigkeit der SchülerInnen. Schulen Sie Ihre eigene Wahrnehmung dafür. Bei welchen Sprechern können Sie gut zuhören und wo schalten Sie schnell ab? Achten Sie dabei auf Lautstärke, Sprechtempo, Verständlichkeit, Gliederung, Pausensetzung, Stimmhöhe und Sprechanstrengung. (Dipl.-Päd. Anja Sportelli, Bochum)

Schon ein einziger Tag, ein einziges Tagesseminar lehrt Sie, wie Sie Ihre Stimme professionell vorbereiten, pflegen, effektiver und schonender einsetzen. Fünf Minuten Stimm-Aufwärmübungen erleichtern den gesamten Arbeitstag. (Andrea Stasche, Kaiserslautern)

Eine wichtige Differenzierung bewahrt viele Lehrkräfte vor chronischen Halsbeschwerden: Nicht laut genug, sondern immer sehr bewusst „weit hinaus", „bis ganz nach hinten" sprechen. Dabei strapaziert man nicht den Hals, sondern die Stützmuskulatur. Probieren Sie es aus, indem Sie einmal so tun, als ob Sie jemanden draußen auf dem Gang rufen würden: „Haaaallo Maaaax." (Karin Steger, Wien)

Für effiziente Telefonkommunikation im Handyzeitalter schulen Sie Ihre Kinder im Buchstabieralphabet. Erklären Sie ihnen außerdem, dass man Telefonnummern auf einer Mailbox am besten einzeln nennt und so langsam spricht, dass man sie selber mitschreiben könnte. Informationen lassen sich so sicher und unmissverständlich übermitteln. (Evelyn Stein, Breitenfurt)

Sie verbringen viel Zeit des Tages mit dem Schatz unser aller Zukunft – unserer Jugend. Wenn Sie damit respekt- und liebevoll umgehen, brauchen Sie Ihre Stimme auch nicht zu erheben! (Sanne Stria, Wien)

Kalte Luft und Stimmleistung passen nicht gut zusammen. Die Stimmmuskulatur braucht eine Betriebstemperatur. Zu langes Reden und Singen im Freien bei kühler Witterung vermeiden oder einschränken. Auf warme Füße achten, auch bei Ihren SchülerInnen. Thermoeinlagen beim Unterricht im Freien verwenden. (Mag. art. Hannes Tropper, Graz)

15. Tipps vom Expertenpool stimme.at

„Lachen, Gähnen und Niesen sind drei heilige Handlungen." (Heraklit) – Gähnen ist ein natürlicher Atemimpuls, es bewirkt einen Spannungsausgleich im Körper sowohl bei Unter- als auch bei Überspannung. Herzhaftes und genüssliches Gähnen ist das A und O einer natürlichen Atemschulung und wird zu Unrecht durch die Etikette unterdrückt. Wenn Ihre SchülerInnen herzhaft gähnen dürfen, bekommen Sie anschließend wieder die volle Aufmerksamkeit im Unterricht. (Magdalena Unger, München)

Stimm- und Sprechtipp an Eltern: Der Ton macht die Musik. Wenn Kinder quengelnd ihre Wünsche äußern, sagen Sie ihnen, dass Sie „so" gar keine Lust haben, auf die Wünsche einzugehen. Dann probieren Sie gemeinsam Varianten aus, es in anderen Stimmungslagen zu sagen. Manchmal werden Sie beide lachen müssen. So entwickeln Kinder ein gutes Gefühl für stimmige Ausdrucksweisen. (Silke Volkmann, Potsdam/Berlin)

Vergleichen Sie die Zeit, die ein Schüler pro Woche/Jahr in Ihrem Unterricht (korrekt) sprechend verbringt, mit der Zeit, die ein Kind beim Erlernen seiner Muttersprache erst lallend, dann sprechend zubringt! Wenn Sie sich dann noch vor Augen halten, dass jede einzelne Synapse im menschlichen Gehirn 15.000 Mal gereizt werden muss, bis sie voll und störungsarm funktioniert, dann wird es Sie nicht länger wundern, warum in der Schule erlernte Sprachen gegenüber der Muttersprache solche Defizite haben! (aus Gunter Dueck, „Wild Duck"; Peter Wasservogel, Wien)

Die Farben des Kehlkopfes und des Halses sind in der Farbtherapie helles Wasserblau bis Türkis. Sie können bei der Gestaltung der Klassenzimmer auf die kommunikative Farbgestaltung Einfluss nehmen (z. B. Bilder, Vorhänge). Wenn Sie empfänglich sind, tragen Sie diese Farben als Tücher, Krawatten, Hemd, Schals. (Christiane Werzowa, Wien)

Die Sprechstimme funktioniert am besten, wenn wir eine ausgewogene Haltung einnehmen. Eine Grundvoraussetzung dafür ist ein guter Bodenkontakt der Füße – sowohl im Sitzen als auch im Stehen. Nehmen Sie vor dem Sprechen bewusst einen lockeren Stand mit gleichmäßiger Gewichtsverteilung ein und animieren Sie zugleich Ihre SchülerInnen zu mehr „Bodenhaftung", bevor sie sprechen. Durch die Aufrichtung entwickelt sich nach dem Embodiment-Prinzip auch ein selbstbewussteres Gefühl beim Kommunizieren. (Mag. Barbara Widhalm, Klagenfurt)

16. Die Lehrerstimme 2025 – „Zukunftsvision" – Zukunftstöne

Erlauben Sie mir am Ende dieses Werkes, dass ich Ihnen meine persönliche Vision zur Verantwortlichkeit für die Lehrerstimme skizziere. Ich hoffe, dass es mir gelungen ist, mit den Informationen, Übungen, Tipps glaubhaft zu versichern, wie wichtig die Pflege Ihrer Stimme ist. Ich glaube, dass es einer großflächigen Vernetzung bedarf, um die Pflege, Gesunderhaltung, Effizienz der Schlüsselqualifikationen Stimmeinsatz und Sprechfähigkeit im pädagogischen Umfeld zu sichern. Damit kann sich unsere Kommunikationskultur wieder von der Basis, von unseren Kindern an positiv verändern.

Lassen Sie mich zum Bild vom Automobil zurückkehren. Das Auto ist das Transportmittel. Der zu vermittelnde Inhalt liegt im Kofferraum. Beide hängen zusammen. Effizienter Inhaltstransport wird von einem leistungsfähigen Fahrzeug unterstützt. Effiziente Wissensvermittlung durch ein unzulängliches Vehikel sabotiert.

Fahrzeugauswahl – Stadtfahrt oder Autorallye

Je nach Häufigkeit und Dauer des Transportes will ein entsprechendes Fahrzeug gewählt sein. Für die Anforderungen im pädagogischen Bereich leuchtet ein, dass Sie ein leistungsstarkes Auto auswählen. Unsere Sprechwerkzeuge sind uns anatomisch vorgegeben. Welche Stimme, welche Sprechqualitäten wir daraus entwickeln, wählen wir selbst. (Ihre Haarfarbe ist genetisch bedingt, welche Frisur Sie daraus zaubern, entscheiden Sie.) Im Idealfall passt die Stimme (Frisur) zu Ihrem Typ, zu Ihrer Persönlichkeit, zum Dresscode Ihres Berufes etc.

These: Mit der Berufswahl einhergehend zieht man Erkundigungen ein, welche stimmlichen Voraussetzungen für ein langes Lehrerleben notwendig sind. Eine angehende Lehrkraft soll sich bewusst sein, dass sie mit ihrem Pkw nicht nur auf normalen Straßen unterwegs sein wird. **Ein pädagogisches Leben bedeutet, an Autorallyes teilzunehmen.**

Kleine Vision: An allen pädagogischen Ausbildungsstätten und in Berufsanforderungsbeschreibungen informieren Flugblätter, Plakate, Flyer, PDFs, Broschüren ... über die zu erwartende stimmliche Herausforderung im Lehrberuf und präventive Möglichkeiten.

16. Die Lehrerstimme 2025 – „Zukunftsvision" – Zukunftstöne

Große Vision: An allen pädagogischen Ausbildungsstätten gibt es für BerufsanwärterInnen ein verpflichtendes Beratungsgespräch bei einem Stimmprofi.
Maximalvision: Verpflichtender stimmlicher Eignungstest für BerufsanwärterInnen.

Autopflege – Carwash – Service

Zumindest gelegentlich soll es schon vorkommen, dass Autos in regelmäßigen Abständen von ihren BesitzerInnen durch Waschanlagen manövriert werden. Gleichzeitig wird meist der Innenraum mit dem Staubsauger gereinigt. Egal, ob Sie waschen oder waschen lassen, die Verantwortung für die Sauberkeit Ihres Autos tragen Sie selbst. Sie bezahlen aus eigener Tasche. Für die Erhaltung des Wertes ihres Autos halten verantwortungsvolle AutobesitzerInnen penibel die Servicetermine ein. Dafür greift man ins eigene Portemonnaie.

Kleine Vision: 5 Minuten Aufwärmprogramm sind State of the Art eines LehrerInnenlebens.
Große Vision: Mit berufsspezifischer Selbstverständlichkeit wird jedes Quartal der/die eigene StimmtrainerIn als lebenslanger Coach für eine Stimm-Trainings-Stunde aufgesucht. Small Talk unter PädagogInnen im Jahr 2025: „Kein Wunder, dass du ohne Stimmtraining heiser bist. Mein Voice-Coach verhindert das schon lange!"
Maximalvision: Spätestens jedes dritte Jahr bucht ein/e stimmverantwortliche/r PädagogIn eine außerschulische Supervision, ein Fortbildungstraining zum Themenkreis Stimme. Die Anzahl der Lehrkräfte, die Seminare für Beschäftigte in der Wirtschaft besuchen, hat sich im Jahr 2025 verfünffacht.

16. Die Lehrerstimme 2025 – „Zukunftsvision" – Zukunftstöne

Der TÜV – das „Pickerl"

Die jährliche Überprüfung der technischen Sicherheit Ihres Autos ist in der EU gesetzlich vorgeschrieben. Bei Nichteinhaltung droht Strafe. Die Kosten dafür sind selbst zu berappen. Hier treten aber auch zum ersten Mal Organisationen auf den Plan, die Sie dabei unterstützen. Sie müssen nicht die technische Ausrüstung anschaffen, um Ihr Auto selbst zu überprüfen. Die Anforderungen sind standardisiert. Die TÜV-Plakette, das Pickerl für die Stimme ist einfacher und kostet Sie einzig Ihre Zeit. Der TÜV ist der Stimmstatus, den die Krankenversicherungsanstalten auf Anordnung von ÄrztInnen übernehmen.

Kleine Vision: Der regelmäßige Stimmstatus gehört zum guten Ton im PädagogInnenalltag.
Große Vision: Die Krankenkassen und der Gesetzgeber laden gemeinsam in regelmäßigen Abständen alle amtierenden PädagogInnen schriftlich zu einem Stimmstatus ein (vgl. Brustkrebsvorsorgeuntersuchung).
Maximalvision: Die Präventivbudgets sind im Jahr 2025 so hoch, dass PädagogInnen alle drei Jahre eine siebentägige Stimmkur antreten können. Die Zahl der stimmlich bedingten Krankenstände ist durch die flächendeckende Einführung dieser Maßnahmen im Jahr 2025 eine vernachlässigbare Größe geworden.

Autorallye

Für die besonderen Herausforderungen im Motorsport stellen Rennställe, Sponsoren und Veranstalter alles Notwendige zur Verfügung. Ein durchschnittlicher Pkw wird zum Rennauto aufgerüstet und ständig weiterentwickelt. Dafür stehen viele Ressourcen zur Verfügung und genügend Geld.

16. Die Lehrerstimme 2025 – „Zukunftsvision" – Zukunftstöne

RennstallbesitzerInnen sind in meinem Bild die BildungsministerInnen als VertreterInnen des schulischen und des gesellschaftlichen Systems. Unter der Voraussetzung, dass sowohl angehende als auch tätige PädagogInnen ihre Stimme einerseits in Eigenverantwortung pflegen, ist das System andererseits aufgefordert, eine Vielzahl an fördernden Maßnahmen zu setzen.

Kleine Vision: An allen pädagogischen Ausbildungsstätten im deutschsprachigen Raum sind Sprecherziehung und Stimmbildung Pflichtfächer, ihre erfolgreiche Absolvierung ist mit einer Prüfung zu beenden. An den Pädagogischen Hochschulen und Universitäten unterrichten erstklassige StimmbildnerInnen und SprecherzieherInnen in genügender Anzahl.

Große Vision: PädagogInnen treten ihre berufliche Laufbahn mit optimal ausgebildeter und trainierter Stimme an. Sie haben im Zeitraum von ihrer Berufsentscheidung bis zum Ende ihrer Ausbildung dafür zahlreiche ExpertInnen aus den verschiedensten Disziplinen der kommunikativen Sprechtechnik kennengelernt. LehrerInnen fühlen sich am Start ihrer Unterrichtstätigkeit gestärkt, gewappnet und sicher vernetzt.

Maximalvision: Die Entwicklung der Sprech- und Stimmkultur bis zum Jahr 2025 wird bildungs- und gesellschaftspolitisch äußerst positiv bewertet. Die Anerkennung der pädagogischen Vorbildleistung und -wirkung ist unbestritten und gewürdigt. LehrerInnen sind die lebendigen Vorbilder für die hörbar verbesserten kommunikativen Möglichkeiten unserer Kinder. Bildungs- und Gesundheitseinrichtungen stehen in engem Dialog mit den PädagogInnen. Da der allgemeine Aufwand für die stimmstarken LehrerInnen sich in einem leistbaren Rahmen bewegt, können sowohl präventive als auch heilende Maßnahmen gut finanziert werden. Die Sinnhaftigkeit und Wertigkeit der Sprecherziehung ist im Jahr 2025 unbestritten. Die Stimm- und Sprechrenaissance gilt im deutschen Sprachraum allgemein als gelungen und hat europaweite Vorbildwirkung.

In meinen kühnen Träumen wünsche ich mir, dass Sie – der/die Sie dieses Buch in der Hand haben und verwenden – mit mir den Weg bereiten. Ihr Feedback, Ihre Anregungen … können Sie mir gerne per Mail zukommen lassen: stimme@iamon.at.

Literatur

Alavi Kia, Romeo/Pawloff, Aleksandra (2007): Stimme. Spiegel meines Selbst. Ein Übungsbuch. Bielefeld: J. Kamphausen

Amon, Ingrid (2007): Die Macht der Stimme. München: Redline Wirtschaft

Argyle, Michael (1996): Körpersprache & Kommunikation. Paderborn: Junfermann

Asgodom, Sabine (2006): Reden ist Gold. So wird Ihr nächster Auftritt ein Erfolg. Berlin: Ullstein

Balser-Eberle, Vera (2005): Sprechtechnisches Übungsbuch. Wien: öbv&hpt

Balser-Eberle, Vera (2008): Sprechtechnisches Übungsbuch. Die CD. Ausgewählt und gesprochen von Ingrid Amon. Wien: öbv&hpt

Bartsch, Elmar/Marquart, Tobias (1999): Grundwissen Kommunikation. Stuttgart: Ernst Klett

Bauer, Joachim (2006): Warum ich fühle, was du fühlst. München: Heyne

Berendt, Joachim-Ernst (2008): Das dritte Ohr. Wuppertal: Traumzeit

Berendt, Joachim-Ernst (2001): Ich höre – also bin ich. Wuppertal: Traumzeit

Bernhard, M. Barbara (2002): Sprechtraining. Professionell sprechen – auf der Bühne und am Mikrofon. Wien: öbv&hpt

Braun, Roman (2003): Die Macht der Rethorik. Besser Reden – mehr erreichen. München: Piper

Buchs-Quante, Ulrike (2002): Voice Power. Kröning: Asanger

Coblenzer, Horst (2006): Erfolgreich sprechen. Wien: öbv&hpt

Coblenzer, Horst/Muhar, Fritz (2006): Atem und Stimme. Wien: öbv&htp

Cramer, Annette (1998): Das Buch von der Stimme. Zürich/Düsseldorf: Walter

Ditz, Kathrin (2003): Mein persönlicher Auftritt. Graz: Leykam

Duden – Das Aussprachewörterbuch (2004). Mannheim: Bibliographisches Institut

Dueck, Gunter (2006): Wild Duck. Berlin: Markus Kaminski

Eckert, Hartwig/Laver, John (1994): Menschen und ihre Stimmen. Weinheim: Beltz

Fischbacher, Arno (2008): Geheimer Verführer Stimme. Paderborn: Junfermann

Literatur

Friedrich, Gerhard/Gibbon, Dafydd (1998): Intonation in German. In: Hirst, D./Di Cristo, A. (Hg.): Intonation Systems. A Survey of Twenty Languages. Cambridge: University Press

Glück, Walter (2006): Homöopathische Notfallapotheke. Selbsthilfe in Akutfällen. Wien: Orac

Gundermann, Horst (1994): Phänomen Stimme. München: Ernst Reinhardt

Gutzeit, Sabine F. (2008): Die Stimme wirkungsvoll einsetzen. Weinheim: Beltz

Haupt, Evemarie (2006): Stimmt's? Stimmtherapie in Theorie und Praxis. Idstein: Schulz-Kirchner

Haupt, Evemarie (2004): Singen und Stimme. Ratgeber für Singende, Chorleiter, Pädagogen und Therapeuten. Idstein: Schulz-Kirchner

Hess, Markus M./Behrendt, Silke (2003): Die Stimme. In: Hamburg macht Schule 3, S. 41–42

Hierhold, Emil (2006): Sicher präsentieren – Wirksamer vortragen. Wien/Frankfurt: Redline Wirtschaft

Hinsch, Gerhard (1989): Sprech-Training. München: Heyne

Hirschfeld, U./Stock, E. (2000): Phonothek interaktiv. CD-ROM. Berlin: Langenscheidt

Hirschfeld, U./Kelz, H. P./Müller, U. (2004): Phonetik international. Grundwissen von Afrikaans bis Zulu. Kontrastive Studien für Deutsch als Fremdsprache. In: Papst-Weinschenk, Marita (Hg.): Grundlagen der Sprechwissenschaft und Sprecherziehung. München/Basel: Ernst Reinhardt

Höller-Zangenfeind, Maria (2004): Stimme von Fuß bis Kopf. Innsbruck: Studienverlag

Husler, Frederick/Rodd-Marling, Yvonne (2000): Singen. Die physische Natur des Stimmorgans. Mainz: Schott

Juul, Jesper (2008): Das kompetente Kind. Reinbek b. Hamburg: Rowohlt

Kmoth, Nadine (2005): Körperrhetorik. Heidelberg: mvg/Redline

Korcak, Hertha (2007): Deutsch richtig gesprochen. Stimm- und Lauttraining. Graz: Austrian Voice Institute

Lauten, Anno (2006): Stimmtraining live. Freiburg/Breisgau: Haufe

Lauten, Anno (2008): 30 Minuten für eine wirkungsvolle Stimme. Offenbach: Gabal

Loschky, Eva (2005): Gut klingen – gut ankommen. Effektives Stimmtraining mit der Loschky-Methode. München: Kösel

Literatur

Mangold, Max (1982): Aussprachelehre der bekannteren Fremdsprachen. Mannheim: Bibliographisches Institut

Martini, Anna (2008): Sprechtechnik – aktuelle Stimm-, Sprech- und Atemübungen. Zürich: Orell Füssli

Mathelitsch, Leopold/Friedrich, Gerhard (2000): Die Stimme. Wien: öbv

Mayr, Barbara (2007): Pilates allein zu Hause. Wien: Ueberreuter

Middendorf, Ilse (1998): Der erfahrbare Atem in seiner Substanz. Junfermann: Paderborn

Mohr, Andreas (1997): Handbuch der Kinderstimmbildung. Mainz: Schott

Molcho, Samy (2001): Alles über Körpersprache. München: Mosaik Verlag

Nollmeyer, Olaf (2005): Die souveräne Stimme. Praxisnahes Stimmtraining mit interaktiver CD-ROM. Offenbach: Gabal

Paeschke, Astrid/Sendlmeier, Walter F. (1997): Die Reden von Rudolf Scharping und Oskar Lafontaine auf dem Parteitag der SPD im November 1995 in Mannheim. Ein sprechwissenschaftlicher und phonetischer Vergleich von Vortragsstilen. ZfAL/GAL-Bulletin 27

Papst-Weinschenk, Marita (Hg.) (2004): Grundlagen der Sprechwissenschaft und Sprecherziehung. München/Basel: Ernst Reinhardt

Pramendorfer, Ulrike (2007): Stimme Sprache Lebensfreude. Linz: Trauner

Pregenzer, Brigitte/Schmidle, Brigitte (2003): Hildegard von Bingen. Einfach leben. Innsbruck: Tyrolia

Pregenzer, Brigitte/Schmidle, Brigitte (2008): Hildegard von Bingen. Einfach kochen. Innsbruck: Tyrolia

Reid, Cornelius (2000): Funktionale Stimmentwicklung. Grundlagen und praktische Übungen. Mainz: Schott

Reusch, Fritz (2003): Der kleine Hey. Neu bearbeitet und ergänzt. Mainz: Schott

Riedl, Thomas (2008): Ohren Power – Kraft der Ohren. Skriptum für Audio-Psycho-Phonologie. Wiener Neustadt

Rohmert, F./Rehders, H./Rohmert, G. (1990): Alexander-Technik. Auswirkungen der Körperaufrichtung auf das Klangspektrum der Stimme. In: Rohmert, W. (Hg.), Beiträge zum 1. Kolloquium Praktische Musikphysiologie. Köln: Schmidt

Rolf, Ida (1997): Rolfing. Strukturelle Integration. München: Hugendubel

Schmid, Reinhard/Schmid-Tatzreiter, Edith (2003): Sing, Stimme! Die bonavox®-Einsing-CD für Solisten und Ensembles. Salzburg: bonavox

Literatur

Schmid-Tatzreiter, Edith/Schmid, Reinhard (2004): Hallo, Stimme! Das Trainingsbuch für Sprechen und Singen. Salzburg: bonavox

Schneider, Berit/Bigenzahn, Wolfgang (2007): Stimmdiagnostik. Wien: Springer

Schneider, Wolf (1984): Deutsch für Profis. München: Goldmann

Schürmann, Uwe (2007): Mit Sprechen bewegen. München/Basel: Ernst Reinhardt

Sick, Bastian (2005): Der Dativ ist dem Genitiv sein Tod. Köln: Kiepenheuer & Witsch

Thiele, Erhard (1988): Vom Zungenkämpfer zum Schluckmeister, Trainingsprogramm der Mundmuskelfunktion für Kinder und Jugendliche. München: Dinauer

Tomatis, Alfred (2000): Das Ohr des Lebens. Düsseldorf: Walter

Tropper, Hannes (2002): Acstract zum Vortrag „Lehrerstimme heute" beim 5. Internationalen Voice Symposium Salzburg. Hg. v. Austrain Voice Institute, Salzburg

Werner, Kerstin (1998): Sprechbildung. Wien: G & G

CD
Sprecherin: Ingrid Amon
Musik (alle): Hannes König/Andreas Vanura

1) Warm-up-Mambo (1:00)
2) Velvet Breath (1:05)
3) Tongue Twister (1:00)
4) Hummy Lips (1:00)
5) Bubbling Voice Sonata (1:20)

6) bis 10) Musik-Cuts ohne Text

Aufnahme: Tonstudio Kingsize/Wien 2008

Kontakt:
Ingrid Amon
Institut für Sprechtechnik
stimme@iamon.at
www.iamon.at

Anlaufstelle ExpertInnenteam (Voice-Coaches, StimmbildnerInnen, SprecherzieherInnen, LogopädInnen, PhoniaterInnen u. v. m.): www.stimme.at

Bertolt Brecht: Der Nachschlag

Meine Sätze spreche ich, bevor
der Zuschauer sie hört –, was er hört, wird
ein Vergangenes sein –.
Jedes Wort, das die Lippe verlässt,
beschreibt einen Bogen und fällt
dann ins Ohr des Hörers –
Ich warte und höre,
wie es aufschlägt –
Ich weiß, wir empfinden nicht das Nämliche und
wir empfinden nicht gleichzeitig.

Bertolt Brecht [1937], Der Nachschlag (Suhrkamp Verlag, Frankfurt am Main, 1997)

Mit Freude leichter lernen!

Keine Chance dem Burn-out!
112 Seiten, 16,5 x 24 cm, sw
ISBN 978-3-7058-7925-6

Der schulische Alltag verlangt von LehrerInnen viel, da kann schon manchmal die Freude am LehrerIn-Sein in den Hintergrund treten. Da ist das Gefühl, eigentlich noch mehr leisten zu müssen, die Distanzierung von der Arbeit und ihren Problemen fällt schwer, **Lust an der Schule weicht manchmal dem Frust** ...
Dieses Buch geht von **typischen Situationen im (Berufs-)Leben von LehrerInnen** aus und zeigt **konkrete Beispiele**, wie man **Schwierigkeiten effektiv begegnen** kann. Die einzelnen Kapitel führen zu innerer Balance, Aktivität und Entspannung, Tempo und Langsamkeit, zu mehr Wohl-Sein und Lebensqualität.

Selbstverantwortung fördern
112 Seiten, 16,5 x 24 cm, sw
ISBN 978-3-7058-8270-6

Lernen ist etwas sehr Individuelles und Persönliches. Voraussetzung für individuelles Lernen ist, den Kindern von Anfang an **mehr Selbstverantwortung** zuzumuten – zum Beispiel indem man **Reflexion** als Voraussetzung für selbstverständliches Lernen fördert, individuelle Lernprozesse in ihrer Besonderheit versteht, als LehrerIn gelegentlich Beratungshaltung einnimmt. Für all das finden LehrerInnen in diesem Buch **Gedanken, Impulse und Übungen.**

Macht und Ohnmacht in der Klasse
112 Seiten, 16,5 x 24 cm, sw
ISBN 978-3-7058-7924-9

Macht ist in sozialpädagogischen Berufen verpönt, doch Machtverhältnisse prägen den Schulalltag. Von LehrerInnen wird ein großes Ausmaß an Verantwortung für die SchülerInnen erwartet. Wie umsetzen, ohne autoritär oder beliebig zu sein? Was liegt in der Macht der LehrerInnen und wo endet diese? Manche LehrerInnen fühlen sich durch schwierige Rahmenbedingungen in der Schule entmachtet. Ist ein demokratisches Miteinander von SchülerInnen und LehrerInnen lebbar?
Dieses Buch hilft dabei, ein neues **Rollenverständnis** zu entwickeln, indem **alltägliche (Ohn-)Machtsituationen** vorgestellt und **Handlungsmöglichkeiten** angeboten werden.

Psychische Probleme von Kindern und Jugendlichen
112 Seiten, 16,5 x 24 cm, sw
ISBN 978-3-7058-7910-2

Dieses Buch vermittelt einen fundierten **Überblick über die wichtigsten psychischen Problematiken** bzw. Störungen, denen man in der Schule begegnen kann. Zudem zeigt es die **Möglichkeiten und Grenzen schulischer Interventionen** auf. Im Zentrum steht die Schülerin, der Schüler, nicht die Pathologie. Neben fundiertem Wissen werden konkrete Handlungsweisen und **Richtlinien im direkten Umgang** vermittelt. LehrerInnen und PädagogInnen sollen keine DiagnostikerInnen und TherapeutInnen sein, aber mit entsprechender Information können sie den Kontakt mit vielfältigen psychischen Problemen in der Schule positiv gestalten und mithelfen, Krisen zu meistern.

Sie können diese Materialien bei Ihrem Buchhändler oder im Verlag bestellen:

Rufen Sie einfach an, schicken Sie ein Fax oder ein E-Mail!
Tel. +43/(0)732/77 64 51/2280, Fax: +43/(0)732/77 64 51/2239, E-Mail: kundenberatung@veritas.at

VERITAS
www.veritas.at

Mit Freude leichter lernen!

Wie lernt man als LehrerIn?
112 Seiten, 16,5 x 24 cm, 2-färbig
ISBN 978-3-7058-7552-4

Inwieweit können **Lerntechniken** den spezifischen Arbeits- und Lebensalltag von LehrerInnen erleichtern? Was brauchen PflichtschullehrerInnen, welche spezifischen Anforderungen stellt der Beruf an sie? Basierend auf **lernpsychologischen Erkenntnissen** befasst sich das Buch mit Themen, die **in Klassenraum und Konferenzzimmer** wichtig sind (Schülernamen merken, Unterrichtsorganisation ...), und dem Arbeitsplatz zu Hause. Eine Fülle von Tipps und Beispielen aus der Praxis bietet verlässliche Vorschläge und macht Lust aufs Ausprobieren.

Planen, unterrichten, beurteilen
112 Seiten, 16,5 x 24 cm, 2-färbig
ISBN 978-3-7058-7572-2

Vor allem LehrerInnen in den ersten Unterrichtsjahren und WiedereinsteigerInnen finden in diesem Band Anregungen, wie sie die **zentralen Anforderungen des Unterrichtens** für alle Beteiligten positiv meistern können. Die praxiserprobten Vorschläge regen zum Ausprobieren von Neuem und damit zur Erweiterung des Unterrichtsrepertoires an.

Folgende Themen werden behandelt:
- Vom Lehrplan zum Unterricht
- Techniken des Unterrichtens
- Leistungsbeurteilung

Gewalt ist keine Lösung!
112 Seiten, 16,5 x 24 cm, 2-färbig
ISBN 978-3-7058-7551-7

In diesem Buch finden Sie Anregungen, Hilfestellungen und Tipps, wie Sie die realen **Konflikte in Ihrer Klasse** und die **Gewalterfahrungen** Ihrer SchülerInnen wahrnehmen, verstehen und nachhaltig bearbeiten können. Der Autor geht auf die Bedeutung des Verhaltens der LehrerInnen, auf ihre Grenzen und ihren **Selbstschutz** ein und informiert über wichtige Aspekte der Entwicklungspsychologie der 10- bis 14-Jährigen. Zahlreiche Anregungen und Übungsvorschläge helfen Ihnen, sich „**Handwerkszeug**" für die konkreten Anlässe anzueignen.

Beruf: LehrerIn. Gratis-Online-Material!

Praktische Checklisten (für Arbeitsanweisungen, Diskussionen, Planungen ...) für den Unterrichtsalltag einfach downloaden unter:
http://beruf-lehrerin.veritas.at

Weitere Titel aus der Reihe „Beruf LehrerIn":

978-3-7058-7610-1	Kommunizieren, Lernen lehren, präsentieren
978-3-7058-7555-5	LehrerIn: Eine Persönlichkeit mit Klasse
978-3-7058-7923-2	Selbstcoaching für LehrerInnen

Sie können diese Materialien bei Ihrem Buchhändler oder im Verlag bestellen:

Rufen Sie einfach an, schicken Sie ein Fax oder ein E-Mail!
Tel. +43/(0)732/77 64 51/2280, Fax: +43/(0)732/77 64 51/2239, E-Mail: kundenberatung@veritas.at

VERITAS
www.veritas.at